KB125745

생각맞이 수업 코칭

초판 1쇄 인쇄 2018년 9월 10일
초판 1쇄 발행 2018년 9월 21일

지은이 서순원

발행인 박정윤
발행처 공감HUB
디자인 차형진
출판등록 2018년 5월 17일 제25100-2018-000037호
도서문의 010-9448-2544
전자우편 gonggamhub@naver.com

ISBN 979-11-964048-1-9

서로 배우고 함께 연구하는 새로운 **코칭법**

생각맞이
수업코칭

만남의 중매쟁이 수업 코칭

2008년 정기전보에 따라 새로 부임한 학교에 시범 수석교사가 있었다. 시범 수석제도가 시행된 첫 해였다. 수석교사 제도를 잘 모르는 터라 관심은 없었다. 그런데 수업공개를 앞두고 함께 수업협의회를 해야만 했다. 25년이 넘는 동안 수업공개를 해왔지만 협의회를 대부분 동학년 단위의 간단한 요식행위로 해왔기에 상당히 부담스러웠다. 수업협의회는 1시간 30분이 넘어서 간신히 끝났다. 그리고 다음날 협의회에서 나눈 의견들과 시범 수석교사의 의견이 늦은 밤까지 기록된 흔적을 담은 채 전달되어왔다. '지적질'이라고 비난하는 이도 있었다. 그렇지만 나에게는 수업에 대한 자만심을 깨뜨려준 고마운 수업 코칭 시간이었다. 그동안 우물 안의 개구리처럼 혼자서만 우쭐대며 살았음을 깨닫게 되었다. 비난해왔던 교수 · 학습과정안의 가치도 발견하였다. 그 후 해마다 이어지는 수업협의회를 통해 수업 코칭을 다시 만나게 되었다. 겉으로 드러내지는 않았지만 수업협의회가 기다려지기 까지 했다. 그런 시간을 가지며 수업에 눈을 뜬 필자가 2013년 수석교사가 되었다. 시범 수석교사였던 선배님의 이끎이 필자를 수석교사의 길을 걷게 했다.

수석교사로 지낸 지난 5년 동안 많은 후배교사를 만났다. 이 만남의 중매쟁이는 수업 코칭이었다. 모두 수업에 대한 고민이 깊었다. 그리고 그 중에는 힘든 상황 속에서 지쳐가는 교사들도 꽤 있었다. 위로와 격려도 필요하지만 그들에게 필요한 것은 자신감을 가지고 꿋꿋하게 교단을 지켜갈 수 있게 해주는 수업능력의 보완이었다. 만남 속에서 학생이 주인공이 되는 수업, 교사가 항상 자신만만하게 이끌 수 있는 수업을 찾기 위해 함께 고민했고 또 연구했다.

'학생들이 수업의 주인이 되게 하려면 수업에서 교사들은 사라져야 하지 않을까?' 하는 다소 극단적인 전제를 세워놓고 교사가 없어도 학생들 스스로 학습 할 수 있는 '선생님이 사라진 수업'의 설계를 꿈꾸었다. 그리고 가르침이라는 옷을 배움이라는 옷으로 갈아입은 수업을 만들어 나갔다. 그 결과물을 수석교사 5년 동안 컨설팅이란 이름으로 많은 교사들과 나누었다. 수업컨설팅은 때로는 성공적으로 이루어졌고 때로는 만족스럽지 못한 결과를 남긴 채 끝나기도 했다. 만족스럽지 못한 컨설팅은 여러 가지 원인이 있었지만 컨설팅 방법에 기인한 것들도 있었다. 이러한 경험은 수업컨설팅을 어떻게 해나가야 할지를 고민하게 했다. 그리고 개선 방법을 찾고자 노력하게 만들었다. 그 결과 이제 나름대로 방법을 정립하게 되었다. 이에 그 결과를 모으고 정리하여 '생각맞이 수업 코칭'[1]이라 이름 붙였다.

---

1) 멘토교사가 멘티교사의 생각을 받아들이며 하는 코칭이라는 의미가 담겨있다.

서울북부교육지원청에서는 매년 신규교사 멘토링을 시행한다. 2017년에도 이 프로그램에 멘티교사로 참여하게 되었다. 5년째 참여하는 것인 만큼 이번에는 새로운 도전을 해 보고 싶었다. 신규교사 시절의 필자가 필요로 했었던 코칭을 해 보고 싶었다. 필자도 코칭이 꼭 필요했던 시절이 있었다. 이리저리 헤매는 초년 시절에는 자신의 문제가 무엇인지 눈에 보이지 않는다. 별다른 도움을 받지 못했던 그 시절 필자는 혼자서 몸부림치며 경력을 쌓아갔다. 그런데 경력이 쌓인다고 수업기술과 생활지도 능력이 향상되는 것도 아니었다. 허공에 떠다니는 '장학'만이 난무했고 나의 교실에서는 받아들이기 어려운 수업이론 적용 요구 그리고 선배들의 수업 경험에 대한 일방적인 소개만이 있을 뿐이었다. 나만의 문제를 같이 고민해주고 풀어나가 주며 코칭해 줄 그 어떤 사람도 그 어떤 시스템도 없었다. 수업과 생활지도는 오직 교사 혼자만이 책임져야 했다.

　따라서 필자가 필요로 했던 코칭이자 지난 5년 동안 수업컨설팅 경험 속에 정리된 코칭법 '생각맞이 코칭'을 멘토링에서 시도했다. 일방적인 수업기술 전수가 아닌 공동연구와 협력수업 속에서 멘토와 멘티가 함께 호흡하는 코칭이었다. 만만하지 않은 도전이었다. 더구나 성공적인 실현을 위해서는 충분한 시간과 만족할 만큼의 만남이 필요했다. 그러나 허물없는 관계를 맺기에는 현실적으로 시간이 부족했다. 그래서 어쩌면 실패할 수도 있고 실패할 경우에는 그에 따른 아픔도 있을 것이라고 각오하고 진행해 나갔다. 그런데 결과는 기대 이상이었다. '새로운 수업 알기'에 열정을 쏟아붓는 신규교사들을 만났기 때문이었다. 그들은 단 한 번도 멘토링에 빠지지 않고 참석해서 수업에 대하여 진지하게 의견을 나누었고 함께 연구도 하였다. 또 교단 적응과정에서 겪는 어려움에 대한 솔직한 고민도 들려주었다. 특히 코칭을 받는 멘티 신분이었지만 수업 코칭의 방향을 필자에게 일깨워 주는 멘토의 역할도 해주었다.

비록 짧은 기간이었지만 정말 소중한 만남이었다. 그 귀한 만남을 기록으로 남기고 싶어 글을 써볼 것을 권했다. 숙제 아닌 숙제를 떠안은 신규교사들은 부담을 느끼면서도 흔쾌히 응해주었다. 원래는 간단한 책으로 만들어 기념으로 멘토링 참여자들끼리만 나눌 생각이었다. 그러나 그들의 애환과 열정이 생생하게 담긴 글은 너무나 감동적이었다. 그래서 주변에 알려야겠다고 마음먹게 되어 책 출간으로 방향을 바꾸었다.

이 책에는 멘티 교사들의 눈물과 열정이 담긴 교단 적응기가 새로운 수업 코칭 방법, '생각맞이 수업 코칭'의 소개와 함께 실려 있다. 또 필자가 의뢰받아 수행한 여러 곳에서의 수업 코칭시 적용한 생각맞이 수업도 함께 실려 있다. 한편 이 책에 실린 수업들은 수업 코칭 과정에서 개발된 것들이어서 연구의 깊이를 적절히 조절한 수업인 '기본설계'에 해당하는 수업들이다. 따라서 생각맞이 수업을 처음 맞는 교사들에게는 이 책에 실린 수업들이 이해하고 받아들이기 용이할 것이다. 보다 깊은 설계 내용을 원하는 독자들은 이 책과 함께 출간된 '생각맞이 수업'[2]을 참고하기를 권한다.

이 책은 수업의 변화를 갈망하는 교사들을 위한 책이다. 또 교단 적응에 힘들어 하는 교사들에게 도움을 주기 위해 쓰여진 책이다. '생각맞이

---

[2] '생각맞이 수업'에는 '심화설계'를 적용한 수업들이 실려있다.

수업 코칭'이 교사들의 수업 기술 교류와 신규교사 이끌기에 많은 도움
이 되기라 믿는다.

　　이제 얼마 남지 않은
　　교단에서의 생활이지만
　　지금도 좀 더
　　학생과 교사가 행복해 하는 교육이
　　현장에서 이루어지기를 꿈꾼다.
　　이러한 꿈을 이 책에 담는다.

2018년 9월
집필진을 대표하여 서순원 씀

여는 글   04

1부 멘토와 멘티가 함께 호흡하는
     생각맞이 수업 코칭

1장 수업전문가와 수업 코칭

01. 교직은 전문직인가?   17
02. 생각맞이 수업 코칭이란?   25

2장 생각맞이 수업 코칭을 만나다

01. 교사도 쉬어야 애정이 나온다   39
02. 새로운 수업을 시도한 임상장학   54
03. 더 나은 교사로서의 나   59
04. 그림책과 함께 한 생각맞이 수업 (멘토의 글❶)   61

3장 생각맞이 도덕수업 코칭

01. 모든 것이 처음인 신규교사   71
02. 생각맞이 수업을 적용하다   81
03. 생각맞이 수업을 적용하다   93
04. 정답 찾기를 벗어버린 도덕 수업 (멘토의 글❷)   95

4장 생각맞이 국어수업 코칭

01. 이정표가 된 일 년   105
02. 생각맞이 문학수업   110
03. 항상 처음을 떠올리며   118
04. 생각맞이 독서수업 (멘토의 글❸)   120

5장 생각맞이 과학수업 코칭

01. 주입식 시험이 뽑은 교사가 창의성 교육을 하다   139
02. 생각맞이 수업을 적용하다   144
03. 나만의 수업방법을 욕심내며   154
04. 과학수업을 고민하다 (멘토의 글❹)   155

6장 생각맞이 인성수업 코칭

01. 마법 같은 멘토링   163
02. 생각맞이를 적용한 학교폭력 예방교육   170
03. 국어공부를 정말 열심히 했구나   185
04. 수업과 함께 하는 인성교육 (멘토의 글❺)   187

7장 생각맞이 평가 코칭

01. 생각맞이 평가란?   199
02. 생각맞이 평가 코칭 사례   209

2부 생각맞이 수업 코칭이 만들어낸 수업들

8장 생각맞이로 디자인된 도덕수업

01. 3학년 도덕 '생명존중'   233
02. 6학년 도덕 '크고 아름다운 사랑'   241

9장 생각맞이로 디자인된 국어수업

01. 4학년 국어 '말하기 표현전략'   251
02. 5학년 국어 '국어규범과 국어생활'   260

10장 생각맞이로 디자인된 수학수업

01. 2학년 수학 '자료처리'   269
02. 5학년 수학 '양의 측정'   277

11장 생각맞이로 디자인된 사회수업

01. 4학년 사회 '지역의 공공기관'   289
02. 미래의 직업 만나기   299

닫는 글   301
참고문헌   307

1부

멘토와 멘티가
함께 호흡하는
생각맞이 수엽 코칭

1부에서는 서울북부교육지원청에서 실시한 신규교사 멘토링이라는 무대에 내세워진 '생각맞이 수업 코칭'이라 이름붙인 새로운 코칭법의 모습이 전개된다. 앞장서서 무대의 막을 여는 멘토와 가슴을 열고 호응하는 멘티들이 주인공이다.

자신감을 가지고 교단을 단단히 지킬 수 있는 교사로 성장해가는 신규교사들의 좌충우돌하는 열정에 찬 모습과 새로운 코칭법으로 그들에게 다가가는 수석교사의 고뇌와 노력을 보여준다. 또 현장의 교사들에게 어떠한 지원이 필요한지도 알려준다.

수업전문가와
수업 코칭

1장

서순원

01. 교직은 전문직인가?

　　전문직으로서의 교직을 돌아보며
　　교사들의 연구 포럼 수업 나눔
　　수업 전문가의 기록 교수 · 학습과정안
　　수업 전문가를 위한 수업 코칭

02. 생각맞이 수업 코칭이란?

　　수업 무너짐, 어떻게 도와줄까?
　　생각맞이 코칭이 담긴 멘토링
　　멘토가 앞장서는 생각맞이 수업 코칭
　　생각맞이 수업 코칭의 운용
　　멘토링에서의 수업 코칭을 돌아보며

01
교직은
전문직인가?

전문직으로서의 교직을 돌아보며

10여 년 전 어느 날 한 연수에서의 일이다. 강사로 부터 '교직은 전문직입니까?' 라는 질문을 받았다. 연수생들은 자신들이 교사인 만큼 당연하다는 반응을 보냈다. 그 강사는 다음과 같이 말을 이어갔다.

"전문직의 가장 큰 특징은 앞서 세운 이론 위에 한 단계 위의 다음 이론을 정립하면서 발전해 나간다는 점입니다. 대표적인 직업이 의사입니다. 의사들은 자신들의 연구내용을 함께 나누고 수술장면을 동료 의사들에게 아낌없이 공개합니다. 이 과정에서 의학이 발전합니다. 모든 사람들은 의사를 전문직으로 인정을 하고 그에 합당한 대우를 해줍니다. 아무리 학력이 높아도 자신이 의사를 대신하여 환자를 치료할 수 있다고 생각하지 않습니다. 교수들은 논문을 통해 자신의 연구실적을 발표합니다. 그러나 교사의 경우 교직을 떠나게 되면 그 교사가 쌓아온 수업기술은 퇴직과 함께 묻혀버리지요. 교직이 전문직이라고 생각한다면 선생님들은 전문가로서 무엇을 내어 놓고 있습니까?"

머리를 한 대 얻어맞은 느낌이었다. 마음을 상하게 하는 극단적인 비유일지도 모르나 그 의미는 이해되었다. 신규교사 시절 수업의 어려움을 호소하면 "세월이 지나면 저절로 알게 된다."며 달래주고 뒤돌아서던 선배들을 떠오르게 해주는 말이었다. 나 역시 후배들이 수업기술을 전수해 달라고 할 때 "세월이 지나면 저절로 알게 된다."라는 말을 해오지 않았는지 되돌아보게 만들었다. 수업은 의술처럼 성과가 바로 눈에 보이는 것이 아니라는 말로 항변할 수 있을까? 교직이 최고의 전문직으로 대우를 받으려면 교사는 어떻게 변해야 할까?

사실 교사들은 자신들의 전문성을 향상시키기 위해 많은 노력을 하고 있다. 수업과 관련한 다양한 연수를 받고 있다. 그리고 많은 교사들이 수업의 개선을 위해 연구에 매진하고 있다. 또 수업의 공개를 통해 자신의 수업기술을 발표하고 있다. 그런데 왜 주변으로부터 앞에서 제기한 강사의 의견과 같은 평가를 받고 있을까?

그것은 교사들의 이러한 노력들이 체계적으로 내놓아지고 모아지지 않기 때문일 것이다. 학자들은 자신의 연구가 다른 연구에 인용되면 권위를 인정받는다. 이를 가능하게 하기 위해 그들의 연구실적은 철저하게 관리된다. 기술전문직들은 노력의 결과가 금전적 보상으로 쉽게 환산된다. 또 특허라는 제도에 의해 보호받기도 한다. 그러나 교사들의 노력의 성과는 이러한 눈에 보이는 보상이나 보호를 기대하기 어렵다. 따라서 노력의 성과를 애써서 알려려하지 않는다. 선행된 연구와 전수받은 노하우의 토대 없이는 전문직의 영역에서는 발전도 없다. 그러므로 교사들의 수많은 현장연구와 경험이 다른 이에게 전해져 새로운 연구의 밑거름이 되어 주도록 해주는 장치가 보다 많이 확보되어야 할 것이다. 이러한 제도적 지원이 교직의 전문성을 향상시켜 줄 수 있음은 자명하다. 그러나 이 책에서는 제도의 개선에 대한 논의까지 이야기의 대상을 확대하지는 않는다. 이는 학자들과 정책 입안자들에게 미루고 다만 현장의 교사들이 쉽게 접하고 실행할 수 있다고 여겨지며 또 이 책의 주제인 수업 코칭과 연관 지을 수 있는 다음의 사항을 내어놓고 '교직은 전문직인가?'라는 논의를 이어가고자 한다.

교사들의 연구 포럼(Forum) 수업 나눔

교사들은 누구나 수업에 대한 열정을 가지고 있다. 그러나 자신의 수업을 여는 것은 꺼려한다. 수업공개는 교사에게는 기피 대상 1호이다. 오랫동안 '장학'이라는 이름으로 수업공개가 이루어졌기 때문일 것이다. 장학은 수업능력을 평가하는 방식으로 진행되어 교사들을 몹시 힘들게 했었다. 필자가 처음 교단에 섰던 1980년 당시 수업공개는 장학을 받기 위한 것이었다. 대체로 한 학년에서 한 명의 교사가 대표로 수업을 공개해야 했고 수업공개는 누군가가 소속된 학년을 대표해서 맞고 싶지 않은 '매'를 맞는 괴로운 행사였다. 수업을 공개하고 나면 전체 교직원이 참여하는 수업협의회에 재판을 받는 피의자처럼 참석하였다. 혹독한 비판이 쏟아지는 자리였다. 협의회가 끝나면 땅 속에 숨고 싶었었다. 자존감은 한없이 낮아졌고 다시는 수업을 공개하지 않겠다는 다짐을 했었다.

세월이 흐르자 '자율장학'이라는 이름으로 수업공개가 이루어졌다.

학년별로 공개하는 날을 정해 수업을 공개했다. 참관교사는 수업공개 당일 현장에 도착해서야 학급에 놓인 교수·학습과정안을 받아 보게 된다. 따라서 수업자의 의도를 파악할 시간도 확보하지 못한 채 참관을 하게 된다. 결국 참관 관점을 제대로 가지지 못한 채 쇼핑하듯 참관한다. 따라서 눈에 보이는 시각적인 도구와 화려한 활동에 시선을 모을 수밖에 없다. 깊이 있는 수업관찰은 당연히 이루어질 수 없었다.

이러한 문제를 보완한 '동료장학'이 등장했다. 동학년 단위로 공동의 고민을 안은 교사들끼리의 자율적인 수업공개이다. 공동으로 수업을 설계하고 서로 대상을 바꾸어 참관한다. 그러나 동료장학은 교사들의 참여도에 따라 수업개선을 위한 진정한 수업공개가 되기도 하고 연례행사로 지나가기도 한다.

그 후 '수업 나눔'이라는 용어가 등장했다. 교사들 간의 수업의 교류가 현장에서 활발하게 일어나기를 바라며 붙인 명칭이다. 그런데 이 수업 나눔도 보여주기 행사로 치장되는 경우가 많다. 이는 수업 나눔 행사가 타의적으로 이루어지거나 교사 개인의 실적을 위한 것이 대부분이기 때문이다. 그래서 이름만 수업 나눔으로 바뀌었다고 바라보기도 한다. 또 여전히 교사들에게는 장학이라는 부담스러운 기억이 남아있기도 하다.

그렇지만 다행스럽게도 이러한 관행 속에서도 보여주기가 아닌 수업기술을 주고받기 위한 수업공개들이 수업 나눔이란 이름으로 많이 시도되고 있다. 공식적인 절차 없이 자발적으로 이루어지는 모임도 많이 생겼다. 이러한 수업 나눔은 현장의 교사가 비교적 쉽게 자신의 수업에 관한 전문성을 타교사와 공유할 수 있는 기회의 마당이다. 그 속에 들어가면 정

성들여 개발한 연구 결과와 전문성 있는 비평이 교류되는 모습을 볼 수 있다. 교사의 전문직으로서의 모습을 확인할 수 있다. 이를 더욱 발전시켜 전문성이 교류되는 연구의 성과 나눔의 마당, 교사들의 연구 포럼으로 만들어나가야 한다. 교사들 모두가 수업 나눔에서 자신의 연구결과나 노하우를 발표하는 것을 자랑스러워하고 또 발표자가 크게 대접받는 날을 꿈꾼다.

수업 전문가의 설계기록 교수 · 학습과정안

수업 나눔을 위해서는 부담스러운 일이 하나 있다. 교수 · 학습과정안의 작성이다. 현장에서 교수 · 학습과정안에 대한 의견은 서로 엇갈린다. 교수 · 학습과정안을 중요시하는 전통적인 의견에 맞서 무용론 또는 간단한 수업흐름도로 작성하기를 주장하는 이들이 있다. 이러한 엇갈리는 견해와 관련하여 필자는 교수 · 학습과정안을 중요시하는 입장이다. 자료화된 것들만이 전문가의 실적으로 대우받기 때문이다. 따라서 연구한 내용이나 축적한 노하우를 자료화해야 한다. 교사의 연구성과를 담을 수 있는 가장 품질 좋으면서 가까이 있는 그릇은 교수 · 학습과정안이다.

교수 · 학습과정안은 집을 짓는 설계도와 같다. 지어진 집에 문제가 생기면 설계도를 보고 문제점을 찾는다. 설계도면이 있기에 건축 전문가들은 문제점을 발견하고 해결방법도 찾는다. 또 이것을 다른 사람과 공유할 수도 있다. 이를 통해 건축기술도 발전한다. 교수 · 학습과정안은 수업설계 자료이다. "교직이 전문직입니까?"라고 물었던 강사의 견해에 따르면 교직이 전문직으로 대우받기 위해서는 교사들만의 전문영역인 수업기술을 공유하면서 발전시켜야 한다. 그렇게 하기 위해서는 교수·학습과정안이라는 수업설계 자료를 소중하게 여겨야 하고 널리 나누어야 한다. 수업설계 자료와 이에 따른 기록들은 훌륭한 연구자료이다. 이러한 연구자료들을 바탕으로 새로운 수업방법이 만들어지기도 한다. 생각맞이 수업 역시 이러한 자료를 통해 탄생되었다. 따라서 교사들도 전문가로 대우받기 위해서는 상세한 수업설계 기록을 남겨야 한다는 것이 필자의 의견이다.

한편 현장에서 교수·학습과정안은 수업 나눔을 목적으로 이루어지는 수업공개 때 작성되는 경우가 많다. 본인을 위한 것이라기보다는 초대된 참관자를 위한 수업 안내서의 기능을 하는 경우가 매우 많다. 참관자들은 주로 교사와 같은 수업전문가들이다. 그렇다면 당연히 수업자의 설계의도와 수업과정이 자세하게 수록된 자료가 주어져야 한다. 즉 교수·학습과정안은 교사들이 연구한 수업설계를 발표하는 교단의 연구 포럼의 자료이자 안내서인 것이다. 따라서 상세한 교수·학습과정안없이 참관자를 초대하자는 것은 예의가 아니라는 것이 필자의 생각이다. 그래서 교수·학습과정안을 만들지 않거나 간단한 수업흐름도로 작성하자는 의견에 동의하지 않는다. 그 논란 자체를 마음에 담지 않는다.

그렇지만 2장부터 소개할 신규교사와의 멘토링에서는 수업흐름도와 간단한 설명만을 넣어 작성하였다. 이는 멘토 교사와 멘티 교사 두 사람이 함께 만들어 가는 협력수업이므로 수업의도와 과정에 대한 자세한 설명을 담은 안내문이 필요하지 않았기 때문이었다. 그리고 다른 멘티 교사들과도 사후협의회에서 의견을 나눌 시간이 충분히 주어지기 때문이었다.

수업전문가를 위한 수업 코칭

'선생님이 달라졌어요.'라는 프로그램이 2012년 EBS에서 방영되었었다. 일회성이 아닌 장기간의 수업관찰과 코칭이 함께 이루어진 좋은 프로그램이었다. 이 프로그램은 교단에 신선하면서도 충격적인 많은 시사점들을 던져주었다. 그러나 아쉬움이 있었다. 필자가 모두 시청하지 못해 놓친 부분이 있겠지만 좋은 수업, 좋은 교사의 초점이 '교사와 학생과의 관계'에 맞추어져 있었다. 물론 학생과의 관계는 좋은 수업, 좋은 교사의 필수 조건이다. 그러나 그것만으로 좋은 수업과 좋은 교사가 만들어지지는 않는다. 좋은 수업은 좋은 수업설계에 의해 태어난다. 잘 설계된 수업 속에는 좋은 교사와 친밀한 사제관계가 존재하게 마련이다. 따라서 이 프로그램이 교사의 수업설계 능력을 신장시킬 수 있도록 해주는 코칭 쪽으로 무게 중심이 더 많이 기울었다면 더 많은 교사들을 달라지게 해줄 수 있었을 것이라 아쉬워하며 그 프로그램을 시청했었다.

'마이크로 티칭'이 현장에서 주목을 받고 있다. 자신의 교수법을 비디오를 통해 성찰해보고 전문가의 도움을 받는 코칭법이다. 이 마이크로 티칭에 대해서도 위에서 언급한 내용과 비슷한 아쉬움을 가지고 바라보게 된다. 이 코칭법도 교사의 교수법에 초점이 맞추어졌기 때문이다. 학생 중심 수업에서는 수업의 주인공은 학생이지 교사가 아니다. 따라서 영상의 초점이 교사에서 수업 속 학생들의 모습으로 이동해야 한다. 이렇게 관점이 바뀌면 교수법 보다는 수업의 짜임새가 각광을 받게 된다. 즉 이 코칭법은 교사의 교수법을 발전시켜주는 좋은 프로그램이지만 학생중심 수업의 구현을 위한 코칭을 위해서는 수업설계 쪽으로 시야를 넓혀야 할 여지가 많다는 아쉬움을 준다.

앞으로의 수업 코칭에서는 교수법보다는 학생을 주인공으로 만드는 수업설계 능력에 대한 현장감 있는 도움이 주가 되어야 할 것이다. 수업을 변하게 하기에는 수업 상담과 조언만으로는 부족함이 많기 때문이다. 따라서 수업 코칭자는 수업을 설계해 줄 수 있어야 한다. 그리고 그 수업을 현장에서 시연할 수 있으면 더욱 좋다. 다행히 교사들의 주변에 존재하는 동료들은 모두가 전문가임을 자임하고 있다. 모두가 전문성을 공급할 수 있는 자원이 될 수 있다. 특히 그들 중에는 코칭을 제공하는 수련을 받은 이들도 많이 있다. 이들과 현장 밖 이론가들이 조화를 이룰 때 좋은 코칭이 이루어질 수 있을 것이다.

이 책에는 현장에서 수업기술의 발전과 교사의 전문성 향상을 위한 좋은 코칭을 이루고자 노력하는 모습이 담겨 있다. 책장을 넘기면서 수업의 설계와 실행을 함께 하는 현장감 넘치는 수업 코칭의 진행 과정과 그 속에서 전문가로서의 자신감을 갖추어나가는 신규교사들의 생생한 모습들을 보게 될 것이다.

02
생각맞이 수업
코칭이란?

수업 무너짐, 어떻게 도와줄까?

뛰어난 인재들이 교사가 된다. 특히 젊은 교사들은 풍요로운 환경 속에서 다양한 분야의 배움과 경험을 쌓으며 자란 다재다능한 인재들이다. 그런데 이러한 인재들이 교직에 발을 내디딘 이후에는 자신들의 능력을 마음껏 발휘하지 못하고 있다. 그들의 뛰어난 지식과 재능을 교실에서 마음껏 풀어 놓을 수 있기까지는 많은 장애물을 넘어야한다. 지식과 재능을 소유하고 있는 것과 전달하는 것은 다른 차원의 문제이기 때문이다.

필자 역시 같은 어려움을 겪은 시절이 있었다. 1981년 교사가 되었다. 갑자기 신분이 학생에서 교사로 바뀌었다. 아이도 길러보지 않은 이십대 초반의 젊은이는 하루아침에 70여명의 아이들을 아우를 수 있는 교사가 되어야 했다. 하루하루의 삶이 버거웠다. 무엇을 모르는지도 모르기에 질문조차 할 수 없었다. 선배교사들은 한결같이 "세월이 지나면 저절로 알게 된다."고 했다. 그러나 세월이 지나면서 깨닫게 되는 것도 있었지만 움츠러드는 것이 더 많았다. 작은 깨달음 하나를 얻기 위해 많은 시간과 아픔이 뒤따랐다. 그 아픔 중에서도 가장 큰 아픔은 수업이 함께 무너지는 것이었다.

교사들의 가장 큰 아픔은 수업의 무너짐이다. 교육현장에서 수업의 무너짐 속에서 답답함과 좌절을 겪고 있는 교사들이 있다. 그들은 혼자만 끙끙 앓는다. 앓는 모습을 숨기기도 한다. 몸이 아프면 병이 깊어지기 전에 의사를 찾아가 도움을 받아야 한다. 그런데 혼자서 아파한다. 자신의 아픔을 드러내는 것이 때로는 스스로를 무능함으로 낙인찍히게 할 수도 있다. 그래서 혼자 견디어낸다. 이 아픔은 특별한 경우를 제외하고는 대부분 적절한 수업방법을 찾지 못해 발생하는 문제들이다. 결국 교사들의 병은 수업을 통해서만 치유될 수 있다. 그런데 치료를 도와 줄 사람이 마땅치 않다. 이 문제를 그들과 함께 풀어나가고 싶었다.

생각맞이 코칭이 담긴 멘토링

2013년부터 서울북부교육지원청에서 기획한 수석교사-신규교사 멘토링(Mentoring)의 멘토 교사로 참여하고 있다. 그런데 수업을 통한 만남을 바라면서도 한편으로는 수업 나눔을 부담스러워하는 신규교사들을 진정으로 도와줄 수 있는 길을 찾는 일은 쉽지 않았다. 소통조차 쉽지 않았다. 멘토링을 시작한 첫 해는 멘토링을 이끌고 나가는 방향을 정하는 것도 힘들었다. 그래서 2016년까지는 필자의 수업기술을 일방적으로 나누어주는 방식의 멘토링을 운영했었다. 사실 특별히 새로운 멘토링 방법을 알지도 못했고 신규교사의 부담을 조금이라도 줄여주고자 하는 의도도 있었기에 채택한 방법이었다. 그러나 만족스럽지 못했다.

점차 멘토링 경력이 쌓여갔다. 신규교사들과 소통하는 것에도 익숙해져갔다. 그렇게 멘티들의 마음을 어느 정도 읽을 수 있게 된 2017년, 새로운 멘토링을 기획했다. 서로의 수업을 주고받는 상호공개 방식의 협력수업으로 진행되도록 하는 멘토링이었다. 또 멘토 시범수업 1회, 선택된 멘티 수업공개 1회라는 이제까지의 관행을 버리고 멘티인 5명의 교사가 모두 수업을 공개하도록 요구하는 새로운 개념의 멘토링이었다. 멘티는 한 번의 수업만 공개하면 되지만 멘토인 필자는 멘티 수만큼 수업을 공개해야 하는 부담이 뒤따랐다. 멘토링 마다 멘티의 수업과 본인의 수업, 두 개의 수업을 구상해야 했고 특히 멘티의 수업을 새롭게 탄생시켜야 했다. 즉 멘토는 네 배의 노력이 필요한 멘토링이었다. 부담을 부여한 만큼 많은 배울거리를 제공하고자 한 시도였다. 이러한 멘토링 계획 속에 담긴 일체의 코칭 과정을 생각맞이 코칭이라 이름 붙였다. 의뢰자의 생각을 최대한 수용하여 수행하는 코칭이라는 의미이다.

생각맞이 코칭으로 수행할 멘토링 계획을 신규교사들 앞에 내어 놓았다. 전원 수업공개 수행이라는 처음 듣는 조건에 놀랐을 그들의 마음이 짐작된다. 그런데 고맙게도 그러한 마음을 겉으로 나타내지 않았다. 필자의 마음을 멘티들이 읽어주었던 것이다. 이렇게 서로의 마음을 이해하며 수업공개의 부담이라는 벽을 허물고 함께 수업 나눔으로 함께 나아갔다.

멘토가 앞장서는 생각맞이 수업 코칭

초등학교의 수업공개는 전체 수업에 영향을 주지 않기 위하여 대부분 그날의 마지막 수업시간인 6교시에 수행된다. 멘토링에서의 수업공개도 같은 이유로 마지막 수업시간에 이루어졌다. 따라서 5교시 수업은 멘토, 6교시 수업은 멘티의 수업이 이루어졌으며 상호공개 방식으로 진행되었다. 그리고 멘티의 수업공개에는 멘토가 함께 참여하는 협력수업으로 계획하였다. 이렇게 계획한 의도는 다음과 같으며 이러한 의도를 담은 계획을 통하여 생각맞이 수업 코칭이 체계화 되었다.

첫째, 멘토와 멘티 간의 관계 맺기를 원활하게 하기 위함이다. 처음 교단에 나와 모든 것이 서툰 신규교사에게 열정만을 강요하며 수업을 공개하게 하면 자칫 수업공개에 대한 마음의 문을 닫게 할 수 있다. 나아가 멘토링에 대한 마음마저 닫을 수 있다. 서로가 한마음이 되지 않으면 멘토링은 형식적으로 흐를 수밖에 없다는 것을 이미 경험을 통해 충분히 깨닫고 있었기에 장애물을 향해 앞장서서 돌격하는 방법을 택하였다.

둘째, 수업 나눔의 개념을 명확히 하기 위함이다. 모든 교사는 좋은 수업을 위한 갈망이 있다. 특히 신규교사는 더하다. 진정한 수업 나눔에는 사전에 함께 설계하는 과정이 필요하다. 그리고 함께 설계한 내용을 수업공개를 통해서 적용해 나간다. 또 설계의 오류나 보완점도 같이 찾는다. 이러한 과정이 있는 수업 나눔만이 의미가 있다는 점을 명확히 하고자 하였다.

셋째, 멘티에게 수업분석의 경험을 쌓아 주기 위함이다. 멘토의 수업 속에서 배워야 할 점뿐만 아니라 문제점도 찾아내기를 원했다. 대부분의 멘티는 멘토에게 결례를 범할까 걱정되어 멘토의 수업을 비평하는 것을 어려워한다. 그래서 사후협의회도 멘토의 일방적인 조언으로 진행되었던 경험이 많다. 그러나 문제점 없는 완벽한 수업을 통해서만 수업을 배우는 것이 아니다. 다른 수업을 분석해서 문제점을 발견해내고 문제해결을 위한 해법을 찾는 과정 역시 좋은 배움이다. 멘토의 수업을 보며 '나라면 어떻게 진행할까?, 이렇게 하는 것이 더 좋지 않을까?'와 같이 분석하고 또 서로 토론할 때 진정한 배움이 생긴다. 멘티들이 멘토의 수업을 참관하고 배울점과 문제점을 찾는 과정을 통해 이러한 배움을 경험하기를 원했다.

넷째, 자신의 학급을 성찰할 기회를 제공하기 위함이다. 자신이 담당한 학급의 학생들이 수업하는 모습을 참관자의 시각으로 바라볼 기회를 주는 것도 코칭을 위해 꼭 필요하다. 대부분의 초등학교 담임교사는 자기 학급의 학생을 객관적으로 관찰할 기회를 가지기가 어렵다. 따라서 학생들을 제3자의 입장에서 바라볼 수 있는 기회를 제공할 필요가 있었다. 멘토의 수업에 임하는 학생을 관찰하며 그동안 직접 수업을 할 때는 보이지 않았던 부분을 발견하기를 바랐다.

다섯째, 수업 코치 스스로가 학생들에 대한 실태파악을 하기 위함이다. 어느 학급이나 특별한 학생으로 인해 발생하는 문제가 있게 마련이다. 담임교사는 이러한 문제가 수습이 용이하지 않을 경우 책임을 자신에게 돌리며 자책하는 경우가 많다. 신규교사에게는 더욱 자주 일어나는 일이다. 이러한 실태를 파악하여 함께 수습방법을 연구하고 격려해주는 코칭을 하고자 하였다.

여섯째, 생각맞이 수업을 익히게 하기 위함이다. 생각맞이 수업에 생소한 신규교사들이 이 수업을 익히기 위한 사전준비가 필요했다. 새로운 수업의 도입은 어떤 교사에게나 부담되는 일이다. 그래서 신규교사들이 공개할 과목과 수업형태에 맞추어 사전에 시범수업을 실시해 주어 다음 수업을 잇는 신규교사들이 훨씬 수월하게 수업을 진행할 수 있도록 했다. 쉽고 간단하게 생각맞이 수업을 익힐 수 있도록 학생들에게 다가가는 방법까지 알려주고자 했다.

생각맞이 수업 코칭의 운용

'수업 코칭'이란 수업성장을 위해 수업코치가 수업자에게 수업에 대한 조언을 제공하는 것이다. 일반적으로 수업 코칭은 '수업실행 → 수업관찰 → 수업분석 → 피드백'의 단계를 거친다. 즉 교사 혼자 설계하여 수행하는 수업을 수업코치가 참관한 후 그 수업을 분석하여 코칭이 이루어진다. 장학에서는 '수업비판'으로 수업협의회가 이루어졌다면 코칭에서는 '상담' 및 '조언'이 주가 된다. 그런데 수업코치에 따라 상담과 조언이 수업비판으로 바뀔 수도 있다. 이러한 수업 코칭은 명칭만 바뀐 '장학'이다.

이러한 문제가 발생되지 않는 새로운 수업 코칭이 필자가 멘토링 과정속에서 개발하여 현장에서 적용하고 있는 생각맞이 수업 코칭이다. '생각맞이 수업 코칭' 속에는 수업코치가 의뢰자의 생각을 맞이할 수 있는 장치가 담겨있다. 이를 잘 운용하는 것 즉 수업 코치가 앞장서서 소통하고 협력해나가며 코칭을 진행시키는 것이 이 코칭법의 핵심이다. 다음은 이 과정을 흐름도로 나타낸 것이고 이어서 이 코칭의 운용과정의 설명이 뒤따른다.

01단계	수업자 수업의도 듣기
02단계	멘티가 교수 · 학습 과정안 작성하기
03단계	멘토가 교수 · 학습 과정안 작성 분석하기
04단계	수업설계를 위한 코칭
05단계	멘티가 교수 · 학습 과정안 수정하기
06단계	수업실행을 위한 코칭
07단계	멘토의 수업 실행
08단계	멘티의 수업 실행
09단계	피드백을 위한 수업협의회
10단계	교수 · 학습 과정안 보완하여 수정하기

첫 번째 수업 코칭의 단계는 의뢰자에게 수업의도를 듣는 것이다. 직접 대면이 어려운 경우에는 전화를 통해 이루어진다. 그때 코치는 궁금한 내용을 질문하게 된다. 보통 1시간 정도의 시간이 요구된다. 그리고 수업자의 의도대로 작성된 교수 · 학습 과정안을 E-메일을 통해 전송받는다.

두 번째 단계는 E-메일로 전송받은 수업자의 교수 · 학습 과정안을 코치가 분석하는 단계이다. 수업자의 입장이 되어 새로운 교수 · 학습 과정안을 작성하는 자세로 임한다. 새로운 아이디어를 떠올려야 하는 가장 힘든 단계이다. 이 작업은 의뢰자가 오래 기다리지 않도록 2~3일 사이에 이루어져야 하기에 밤을 지새우는 경우가 대부분이다. 사실 이 단계에서 수업 코칭을 의뢰 받은 것을 후회한 적도 많았다.

세 번째 단계는 의뢰자와 교수 · 학습과정안을 앞에 놓고 코칭이 이루어지는 단계이다. 되도록 직접 대면해서 진행해야 하는 단계이다. 물론 직접 만남이 어려울 경우에는 전화로 이루어진다. 이 단계에서는 의뢰자의 마음을 읽으며 조심스럽게 접근해야 한다. 의뢰자의 수용하고자 하는 마음가짐을 고려하여 코칭의 범위와 깊이를 결정해야 하기 때문이다. 때로는 완전히 수업을 변경해야 하는 경우도 있다. 보통 이 과정은 2시간 이상의 시간이 소요된다. 이 과정이 끝나면 의뢰자는 교수 · 학습과정안을 수정하게 된다.

네 번째 단계는 수정된 교수 · 학습과정안을 송부받고 다시 한 번 코칭을 하는 단계이다. 이 단계에서는 실제 수업이 시행될 때 문제를 일으킬 수 있을만한 상황이나 여건을 중심으로 코칭이 이루어진다. 실제 수업을 머릿속에서 시연하면서 학생들의 능력이 잘 받쳐줄지, 혼란이 일어날 일은 없을지, 자료의 활용이 가능한 지 등을 코칭하게 된다. 염두에 두고 조언해야 할 사항들이 수업의 목적에 따라 달라 소요 시간도 많은 차이가 나지만 보통 2시간 이상의 시간을 필요로 한다.

다섯 번째 단계는 의뢰자의 수업을 참관하는 단계이다. 많은 수업 코칭이 수업설계에만 중점을 둔다. 그러나 필자는 수업 코칭을 의뢰 받을 경우 수업참관이 가능한지 꼭 물어본다. 그리고 꼭 의뢰자의 수업을 참관하기 위해 노력한다. 머릿속에서 그렸던 수업과 학생들과 함께 하는 수업에는 차이가 있다. 설계에 반영하지 않았던 변수가 작용하기도 하기 때문이다. 수업참관은 이러한 돌발변수의 작동여부를 확인하면서 수업설계의 적정성을 판단할 수 있게 해준다. 또 교수·학습과정안에 나타나 있지 않은 의뢰자의 예측못한 상황에 대한 대처능력 그리고 장점과 개선할 점을 찾아낼 수 있게 해준다. 따라서 수업참관은 수업협의회의 형식적이지 않은 실제적인 협의자료를 제공하게 된다. 나아가 앞으로 필자의 또 다른 수업 코칭을 위한 귀중한 자산이 된다.

여섯 번째 단계는 '수업협의회'라 일컬어지는 수업평가가 이루어지는 단계이다. 생각맞이 수업 코칭은 수업코치와 의뢰자가 협력하여 교수·학습과정안이 마련된다. 수업은 대부분 협력수업의 형태로 이루어진다. 따라서 수업실행 후 잘된 점과 그렇지 않은 점을 찾는 수업평가도 두 사람의 공동의 과제가 된다. 만족스럽지 못한 점에 대한 보완도 함께 하게 된다. 그러므로 수업평가가 의뢰자에게 주는 부담은 크지 않다. 수업이 기대에 못 미치는 수준으로 이루어졌더라도 그 책임이 수업코치에게 상당부분 있기에 의뢰자의 마음이 많이 다치지 않는다.

일곱 번째 단계는 교수·학습과정안을 재작성하는 단계이다. 수업 실행 후의 아쉬움과 수업협의회를 통해 나눈 대화를 떠올리며 교수·학습과정안을 보완하여 수정한다. 이 과정도 수업 코칭의 핵심이다. 이 과정을 통해 수업설계의 능력이 향상되기 때문이다. 이 책에 실린 대부분의 수업설계 사례는 이 과정을 거쳐 수정된 내용들이다.

그리고 위의 과정과는 별도로 이루어지는 또 하나의 중요한 과정이 있다. 코치가 의뢰자의 학급에서 직접 수업을 함으로써 코치의 수업에 대한 견해를 직접 보여줌과 동시에 의뢰자가 자신의 학급을 성찰할 수 있는 기회를 제공하는 수업 나눔이다. 코치의 수업제공 방법과 시기는 의뢰목적에 따라 달라진다. 교수·학습과정안 작성 전에 이루어질 수도 있고 의뢰자의 수업실행 직전에 이루어질 수도 있다. 수업이 끝나면 수업코치와 의뢰자는 동등한 관계에서 상호 코칭을 하게 된다. 의뢰자 입장에서는 수업코치의 수업이 자신이 코칭을 해야 할 수업이 된다. 의뢰자가 수업코치에게 코칭을 하게 되는 것이다. 이 때 의뢰자는 자신의 생각을 전부 내놓지는 못하더라도 몇 가지 정도는 말하게 된다. 이 과정은 수석교사인 필자에게도 수업성장에 큰 도움이 되었다. 본 책에서 소개할 후배교사들에 대한 수업 코칭은 모두 이러한 절차를 밟아 시행되었다.

멘토링에서의 수업 코칭을 돌아보며

2017년 소중한 새내기 멘티들을 만났다. 부담스러웠을 수업공개 요청에도 부담감을 내색하지 않고 수업의 변화를 꿈꾸며 참여해준 교사들이었다. 그들과 함께 생각맞이 수업을 나누었다. 멘토링이 끝난 후 한명 한명의 마음이 담긴 글을 읽게 되었다. 교단에 첫 발을 내디딘 새내기 교사들의 예쁘지만 아픈 모습이 생생하게 담겨있었다. 그들의 글 속에서 37년 전 새내기 교사였던 필자의 아픔도 찾을 수 있었다. 또한 멘토링의 운영

과정이 고스란히 담겨 있어 멘토링 과정 속 코칭을 되돌아 볼 수 있었다. 아주 특별한 만남과 수업 이야기였다. 이제 많은 교사들과 그 내용을 공유한다. 처음 교단에 발을 내딛던 날의 마음을 떠올리며 열정 넘치는 새내기 교사들과의 '수업 나눔' 이야기를 귀 기울여 들어주기 바란다.

생각맞이 수업
코칭을 만나다

2장

황보현경

01. 교사가 쉬어야 애정이 나온다
   학교에서의 삶이 나를 병들게 해요
   겁 없이 맡은 1학년 담임교사
   환청이 들리곤 했다
   멘토와의 만남
   수업 코칭을 받다

02. 새로운 수업을 시도한 임상장학
   임상장학이 뭔데?
   답을 찾지 않는 시범수업
   다시 준비하다

03. 더 나은 교사로서의 나
04. 그림책과 함께 한 생각맞이 수업 (멘토의 글 ❶)
   열정을 다스려가며
   수업의 시작
   작가의 의도를 생각해보는 생각거리 제시
   그림책을 재탄생시키기

01
교사도 쉬어야
애정이 나온다

학교에서의 삶이 나를 병들게 해요

"엄마, 나 정말 이렇게는 살고 싶지 않아. 학교에서의 삶이 나를 병들게 해요. 교사로 살고 싶지 않아요."

2016년 10월의 어느 날, 1년 전 이때쯤이었다. 친구와 함께 다녀왔던 음악축제 이후 일주일 정도를 꼬박 앓다가 학교에서 펑펑 울면서 지방에 있는 엄마에게 전화를 걸었다. '아, 내가 이러다 죽을 것 같다.'는 생각이 들었기 때문이다. 1교시 수업을 마친 뒤 잠깐 비어있었던 시각에 엄마와 통화를 했다. 바로 옆 교실 학생들이나 교사들이 나의 울음소리나 통화하는 목소리를 듣는 것에 신경 쓸 여유가 없었다. 딸의 이런 목소리를 듣고 엄마도 엄청 놀랐을 것이다. 자존심 강한 첫째 딸이 힘들다며 우는 일은 없던 일이다. 더구나 한창 학교에서 수업 중인 시간이었기 때문이다.

2015년 겨울에 임용고시를 치르고 곧이어 2016년 3월 정규교사로 발령을 받았다. 그리고 약 7개월 정도가 지난 후, '아, 이 길은 내 길이 아니구나. 이곳에서 도망치는 일만이 나를 살게 하는 일이다.'라고 생각했다. 엄마로부터 '네 맘대로 해라.'는 말이 떨어지자마자 '그만 두어야겠다.'는 결심을 하고 평소 믿고 의지하던 선배교사를 찾아가 고민을 털어놓았다. 그리고 사표를 내어도 학교에 큰 지장을 끼치지 않을 시기가 언제인지, 사표를 낸 후에는 어떻게 살아갈 것인지에 관한 상담을 했다. 당시는 당장 그만두는 것만이 나의 행복하고 건설적인 삶을 위한 길이라고 믿어 의심치 않았다. 글로 옮기고 나니 그때의 생각이 치기어린 고민이었던 것처럼 느껴지기도 하지만 당시에는 '학교'와 '행복'은 공존할 수 없는 것처럼 생각되었다. 나의 고민을 다 들은 선배교사는 본인의 이야기를 하나하나 들려주며 한 가지 조언을 해주었다.

"내년에 담임교사를 한번 해봐라. 그렇게 하고도 이 길이 너의 길이 아니라고 생각하면 그땐 그만두어라."

흔히 담임교사가 초등교사의 꽃이라고 한다. 초등학교 교사가 되었는데 담임도 맡아보지 않고 그만둔다는 것이 아쉽기도 했다. 그래서 선배의 조언대로 딱 1년만 더 해보기로 마음을 먹었고 담임을 한번 해보자고 결심을 했다. 지금 생각해보면 그만두리라 마음을 먹고도 엄마에게 전화를 걸고 선배에게 상담을 한 것은 아직 마음에 확신이 서지 않았기 때문이었던 것 같다.

겁 없이 맡은 1학년 담임교사

그렇게 학기말을 버티고 겨울방학에는 생각을 정리하기 위해 혼자 유럽 여행을 떠났다. 유명한 카페에 가서 하루 종일 혼자 책을 읽기도 하고 좋아하는 음악을 질리도록 듣기도 했다. 어느 날은 미술관에 가서 알게 된 프랑스인과 인생에 대해 종일 이야기를 하기도 하고 어느 날은 숙소에 틀어박혀 드라마를 온종일 몰아 보기도 했다. 그 무엇도 그 누구도 나에게 스트레스를 주지 않는 평화로운 시간! 그 평화를 통해 새로운 학기를 새로운 마음으로 시작하리라는 편안해진 마음을 안고 서울로 돌아왔다. 그리고 서울로 돌아온 그날, 학교로 부터 2017년은 1학년 담임을 맡게 되었다는 연락을 받았다.

몇 개월 전만해도 사직을 생각하고 있던 내가 1학년 담임을 덜컥 맡게 되었다. 나는 생각이 유달리 많은 편이지만 결정적인 순간에는 겁이 없어지곤 한다. 어차피 한번 담임을 맡아보고 아니다 싶으면 그만두기로 결심했기 때문에 몇 학년 담임인지는 크게 중요하지 않았다. 또 '나도 아무 것도 모르고 시작하는 것이니 차라리 아무 것도 모르는 1학년 아이들과 첫 담임을 하는 것이 오히려 좋을지도 몰라.' 라는 생각도 들었다. 이 생각이 옳았는지 아니면 정말 터무니없는 생각이었는지는 지금도 잘 모르겠다. 하지만 그렇게 겁 없이 덜컥 맡아버린 1학년 담임, 그 앞에 험난한 여정이 나를 기다리고 있었다.

환청이 들리곤 했다

2017년, 지금도 나는 학교에서 교사로 생활하고 있다. 신규 2년차인 나는 학교에 적응하는 법을 배워야하는 1학년 학생들의 담임교사이다. 우리 학급에는 총 22명의 학생들이 있다. 남학생 12명, 여학생 10명이다. 어느새 10월이 되었다. 이제 담임선생님과 익숙해진 우리 반 학생들은 때로는 내말투를 따라하는 귀여운 모습으로, 때로는 내가 조금 늦기라도 하면 늦었다고 엄포를 놓는 맹랑한 모습으로 내 앞에 있다. 이렇게 사랑스러운 아이들이지만 1학년과 함께 해온 지난 시간이 항상 보람차고 행복했던 것은 아니었다. 타인을 오롯이 이해할 수 있다고 믿는 것은 큰 오만이라고 생각했기에 어른인 내가 어린이의 마음을 온전히 이해한다는 것은 불가능한 것이라는 것을 머리로는 알고 있었다. 하지만 계속 그 사실을 되뇌어도 아이들의 몇몇 행동은 너무나 받아들이기 힘들었다.

자신의 감정을 폭력적인 방법으로 표현하는 학생이 있다. 다른 학생을 칭찬하거나 자신에게 발표할 기회를 주지 않았을 때 자신의 불만족스러운 감정을 멋대로 표현하는 학생이다. 교실을 이리저리 배회하다가 사물함을 발로 펑펑 차고 그래도 분이 풀리지 않으면 자신의 책상에 머리를 쿵쿵 반복해서 내리찧는다. 조금만 자신의 기분이 상하면 갑자기 바닥에 드러눕는 것도 예삿일이다.

자신의 감정을 크게 소리지르는 것으로 표현하는 학생도 있다. 학기 초에 6학년 상급생과 손을 잡고 학교를 견학하며 학교시설을 익히는 시간이 있었다. 그런데 교실에서부터 6학년 형과 함께 가기 싫다며 고집을 피우더니 복도에서 괴성을 질러댔다. '익숙하지 않은 환경에서 낯선 형과 함께 해야 하는 시간이 얼마나 당황스러웠을까!' 생각하며 안타깝게 생각했다. 그러나 그것은 시작에 불과했다. 그 후에도 그 학생은 장소와 시간에 관계없이 계속해서 소리를 지르곤 했다. '짝꿍이 내 쪽으로 쓰레기를 버렸어요.', '술래잡기에서 잡히지 않았는데 나에게 잡혔다고 했어요.', '선생님은 다른 친구만 발표시켜요.' 등 이유는 다양했다. 항상 시장처럼 소음이 가득한 우리 교실에서 이 학생이 소리 지를 때면 나의 마음이 덜컥 무너졌다. 이 학생이 수업시간에 소리를 질러 옆 반에서 우리 반에 무슨 일이 난 줄 알고 깜짝 놀라 달려온 적도 있다.

고민에 빠지게 하는 또 다른 학생이 있다. 고양이와 강아지 울음소리를 내며 아기 같은 행동을 종종 하는 학생이다. 다른 친구들을 배려하려고 노력하고, 담임교사를 잘 따르는 학생이다. 그런데 수업시간에는 엉뚱한 페이지를 펴고 있기도 하고 단순한 지시에도 무슨 말인지 모르겠다는 표정을 짓고 있는 경우가 많았다. "떠부러졌어요."라고 이해하기 어려운 말을 반복한다. 그 말은 '잘못 그렸다'는 말이었다. 때로는 크게 이름을 불러도 돌아보지 않았다. 언어발달이 조금 늦된 편일 뿐 큰 문제는 아니겠거니 하고 생각했지만 그렇지 않았다. 다른 학생들과 의사소통이 되지 않으니 다른 친구들과 거의 매일 다툼이 일어났다. 이 학생의 학부모와 상담 이후 전문검사를 받아보게 하였다. 학습지능이 평균에 미치지 못하는 것으로 결과가 나왔다. 언어표현 기능에도 어려움이 있는 것으로 나타났다. 이 학생 외에도 우리 반에는 정신지체 장애를 가진 또 다른 한 명의 학생이 있다.

학부모 상담에 앞서 학부모가 작성한 '자녀소개 카드'를 읽어보던 중 '우리 아이는 수줍음이 많아 낯을 많이 가려요.'라는 말에 '빵' 터졌던 기억이 난다. 그 학생은 쉬는 시간마다 내게 와서 종알종알 이야기하는 남학생이었기 때문이다. 그 남학생은 '주말엔 불닭 볶음면을 엄마가 해 주었고 누나의 꿈은 요리사'라는 잡담에서부터 손이 간지럽다고 하루에 열 번은 와서 손가락을 보여주곤 하였다. 수줍음이 많다는 학생도 이럴진대 앞에서 소개한 학생들은 오죽했을까? 또 이런 학생들과 함께 생활하는 나머지 학생들은 얌전하기만 했을까?

아침에 등교해서 부터 수업이 끝날 때까지, 수업이 끝나 하교 인사하고 난 뒤에도 아이들은 어쩌면 그렇게 하고 싶은 말이 많은지 종달새처럼 말을 그치지 않는다. "선생님! 주말에요. 어제요? 아니 제가 유치원 다닐 때요." 계속 듣다보면 자신에 대한 이야기뿐 아니라 누나, 동생, 엄마, 할머니 등 소재는 정말 무궁무진하다. 여기에 일일이 반응해주지 않으면 마음에 오랫동안 남을 상처를 줄 것만 같아 열심히 리액션(reaction)을 아끼지 않았다. 그럼 또 다른 아이들이 그것을 보고 주렁주렁 매달리기 시작한다. 아침시간, 쉬는시간, 점심시간에 아이들의 '폭격'을 피하기 위해 교무실이나 행정실로 피난을 가곤했지만 그것으로는 턱없이 부족했다. 이런 생활 속에서 나는 점점 지쳐가기 시작했고 나중에는 사람을 만나는 것 자체에도 염증이 날 정도였다. 퇴근 후 침대에 누우면 "선생님! 선생님!" 하고 아이들이 나를 부르는 환청이 들리곤 했다.

멘토와의 만남

그런 힘든 시간 중에 연락이 이루어져 많은 도움을 주신분이 서순원 수석교사이다. 2016년 북부교육지원청 신규교사-수석교사 멘토링에서 처음 만난 분이다. 개인 사정으로 멘토링에 몇 번 빠져야 했지만 수업 나눔 축제에서 수석교사의 '생각맞이 수업'을 보고 큰 감명을 받았었다.

인상 깊게 보았던 그 수업의 주제는 '병자호란 중 주화파와 척화파의 갈등'이었다.[1] 6학년 도덕과 '갈등' 단원의 소재를 역사 속의 갈등과 통합한 수업이었다. 정답이 이미 정해져있는 교과서 내용 속의 갈등 대신 차원 높은 역사적 갈등을 소재로 교육과정을 완전히 재구성한 수업이었다. 그 당시의 중요한 가치와 국제정세를 바라볼 수 있는 질문을 제시하여 모든 학생이 주화파와 척화파 각각의 입장이 되어 보게 하였다. 역사 토론에서 결과에 초점을 두었거나 역사의 갈등을 어느 한편에서 일방적으로 바라보는 토론수업은 많이 볼 수 있다. 그러나 이 토론수업은 토론에 목적을 두기보다 국가의 운명을 책임져야 할 위치의 사람들에 대한 고뇌를 느끼게 하는데 흐름을 맞춘 수업이었다. 따라서 주화파와 척화파의 대표적인 인물들에 대해 나름의 가치를 부여하여 역사적 갈등 속에 대립하였던 조상들을 바라보는 시각을 긍정적으로 바꾸려는 노력의 흔적이 엿보였다. 나아가 국가를 책임지는 사람들에게 국제정세를 바르게 판단하는 것이 얼마나 중요한지를 학생들에게 인식시키려는 교사의 의도도 담겨있

---

1) 이 수업은 함께 출간되는 '생각맞이 수업'의 6장 '역사 토론'에 자세하게 소개되어있다.

었다. 이런 수업설계의 내용뿐만이 아니라 체계적인 규칙 속에서 일련의 질문들에 대해 학생들이 자신의 생각으로 토론하며 그 안에서 생각이 심화되는 모습을 보며 적잖은 충격을 받았다.

임용고사를 준비하며 공부한 덕분에 '학생중심 수업', '질문이 있는 수업'의 중요성에 대해서는 깨닫고 있었지만 도무지 어떻게 해야 실행할 수 있는 것인지 전혀 감이 오지 않았었다. 그런데 '생각맞이 수업'을 보며 '아, 나도 저런 수업을 해보고 싶다!' 하는 마음과 함께 이 수업이 학생 중심의 수업, 주체적인 배움이 있는 수업, 사고의 확산이 일어나는 수업이라는 생각이 들었다. 나에게 교사로서의 열망을 갖게 하는 수업이었다.

수업 코칭을 받다

2017년 3월 학부모 공개수업을 준비하며 수석교사께 조언을 구했는데 직접 교실에 오셔서 수업을 보여주고 수업 코칭을 해주시겠다는 제안이 담긴 연락이 왔다. 물론 부담이 되지 않았다고 하면 거짓말일 것이다. 하지만 지금처럼 아무것도 모르는 시기가 열린 마음으로 더 많은 것들을 배울 수 있는 좋은 시기가 될 것 같다는 생각이 들었고 수석교사의 수업을 처음 보았을 때 느꼈던 충격이 떠올라 수업 코칭을 받기로 했다.

수업 코칭은 4교시인 금요일 하루 동안 종일 이루어졌다. 아침 조회시간부터 하교지도를 할 때까지 수석교사와 하루를 함께 했다. 1,2교시는 멘토가 우리 반 학생들과 직접 수업을 했다. 우리 반 학생을 관찰하는 수업성찰의 기회를 가질 수 있었다. 3,4교시는 나의 평소 수업이 이어졌다. 학생들과 수업하는 나의 모습을 수석교사가 관찰하였다. 누군가가 내 수업을 보고 있다는 긴장감은 잠시였다. 학생들과 수업을 해내는 것 자체가 더욱 큰 긴장이었기 때문에 누군가 보고 있다는 불편함은 곧 사라졌다.

그렇게 수업이 끝나고 학생들을 귀가시킨 후 특별한 멘토링이 이어졌다. 수업기술뿐 아니라 쉬는 시간에 학생들과 함께 생활하는 모습, 급식지도 등 1학년 학생들과 함께 하루를 종일 보내면서 관찰된 내 모습에 대한 피드백을 받았다. 그 내용의 일부를 담아본다.

앉아서 기다리는 기적

학생들이 줄을 서야 하는 경우가 많다. 식당이나 특별교실로 공간을 옮기거나 알림장과 같이 교사의 확인을 받아야 하는 경우 등이다. 이러한 경우 언제나 학생들을 키 번호로 줄을 서도록 했다. 이때마다 몇 번의 언성을 높인 이후에야 겨우 질서가 잡혀 줄이 완성되는 순탄치만은 않은 과정이 반복되어 왔다. 그러나 그 질서 또한 일시적이었다. 학생들이 줄을 서서 기다리는 동안 온갖 소음이 쏟아졌고 저희들끼리 밀치고 장난치기 일쑤였다. 그 소음 속에서 학생들을 진정시키려는 나의 목소리는 점점 커져갔다.

이러한 나의 모습에 대한 멘토의 조언은 '학생들을 앉아서 기다리게 하는 것'이었다. 멘토는 쉬는 시간도 수업의 연장선이라는 점을 강조했다. 조언에 따라 줄을 서야 하는 경우에는 서서 기다리는 대신 순서대로 자리에 앉아서 기다리도록 했다. 그리고 자기 순서가 되었을 때 일어나도록 했다. 또한 쉬는 시간에도 교실 안에서는 앉아서 놀이를 하도록 했다. 장난을 치거나 수다를 떨 때에도 앉아있기 때문에 학생들의 움직임에도 예전과 다른 안정감이 생겼다. 또한 학생들이 서있을 때는 보이지 않던 쉬는 시간의 돌발상황도 쉽게 인지하고 대처하게 되었다.

그동안은 쉬는 시간에 학생들에게 무제한의 자유를 허락했다. 학생들은 쉬는 시간 종이 치자마자 복도로 달려 나가거나 교실에서 큰 목소리로 자유롭게 행보하며 외치듯이 떠들었다. 이러한 자유는 수업시간이 시작되어도 짧게는 5분, 길게는 10분 정도를 다시 수업분위기를 조성하는 데 허비하게 하여 수업활동을 위한 소중한 시간이 줄어들었었다. 그런데 앉아서 쉬는 교실로의 변화는 쉬는 시간을 안정시켰고 수업을 훨씬 편안하게 시작할 수 있게 하였다. 결과적으로, 40분의 수업시간을 온전하게 학생들에게 투여할 수 있게 되었다. 작은 시도가 큰 변화를 가져왔다. 작은 기적이 일어난 듯하였다.

선생님도 배려가 필요해!

'우리 반에서 가장 중요한 것이 무엇이지요?'라고 물으면 우리 반 학생들은 '규칙과 약속, 그리고 배려'라고 답변한다. 초등학교 1학년 학생들에게는 학교가 사회화기관으로서의 기능을 충실히 수행해야 하기에 규칙과 약속을 지키는 것을 항상 강조한다. 또한 자기중심적일 수 있는 8살 아동에게 자신에 대한 사랑과 마찬가지로 타인에 대한 배려도 가르쳐야한다. 따라서 매일 학생들에게 '규칙, 약속, 배려'의 3가지 원칙을 입에 붙도록 강조해 오고 있다. 그런데 최근 이 원칙 중 '배려'와 관련해 새로운 약속이 하나 더 생겼다.

쉬는 시간이면 많은 학생들이 주변에 몰려들어 종알종알 이야기를 하였기에 교사인 나는 잠깐 숨 돌릴 틈도 없었다. 이런 나에게 주어진 또 하나의 조언은 '쉬는 시간에 교사도 쉴 시간을 확보하라'는 것이었다. 이 조언을 따라 '선생님을 위한 배려의 규칙 만들기'를 실행했다.

"우리 반 친구들 사이에 배려의 씨앗이 무럭무럭 자란 것 같아요. 그런데 우리 교실에는 너희들 뿐 아니라 배려를 받아야할 한 사람이 또 있답니다. 그 사람은 누구일까요?"

곧 학생들은 선생님을 지목했다.

"그래요. 선생님도 여러분과 행복하게 생활하기 위해서는 배려가 필요해요. 선생님을 위한 배려에는 어떤 것들이 있을까요?"

학생들은 선생님을 위한 배려방법에 대해 직접 의견을 내었고 그 의견을 나는 받아 적었다. 다소 정제되지 못한 표현도 있지만 학생들이 직접 정한 것을 그대로 기록하였다. 그 내용을 소개하면 다음과 같다.

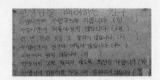

선생님을 배려하는 친구

1. 수업시간에 수업규칙을 지킵니다.
2. 수업시간에 뒤돌아보지 않습니다.
3. 한 번 말한 것을 또 말하지 않습니다.
4. 수업시간에 친구와 떠들지 않습니다.
5. 교실에서 뛰지 않습니다.
6. 선생님이 2번 말하지 않도록 최선을 다합니다.
7. 선생님께서 컴퓨터로 일을 하실 땐 방해하지 않습니다.

선생님을 배려할 수 있는 방법이 적힌 종이를 칠판 앞에 붙여놓았다. 그리고 학생들이 이 약속들과 관계된 무엇인가를 행할 때 나는 번호를 말한다. 예를 들어 쉬는 시간에 컴퓨터로 급한 업무를 보고 있는데 다가와 말을 걸려고 하면, "칠 번"하고 규칙종이를 가리킨다. 학생들은 규칙 종이를 보고 곧바로 이해하고 돌아간다. 배려규칙을 정하기 전, "누구누구야, 미안해. 선생님이 지금 일이 급하네. 조금만 기다려주겠니?"를 몇 번이나 반복하느라 진땀을 뺐던 것과는 완전히 달라진 모습이다. 내가 두어 번 "칠 번"을 말하고 나면 옆의 학생들이 "선생님 지금 칠 번이잖아. 선생님 일하실 때 방해하지 않기!"하고 나를 도와준다. 가끔은 다음 수업시간을 위한 쉼이 절실할 때, 잠깐씩 일하는 시늉을 하기도 한다. 학생들이 스스로 만든 규칙이기 때문에 나도 학생들에게 당당하게 규칙을 지켜달라고 요구할 수 있게 되었다.

교사도 쉬어야 애정이 나온다

내가 근무하고 있는 학교는 재개발이 예정되어있는 지역이다. 처음 발령받은 후 선배교사들과 함께 학생들이 사는 지역을 둘러보는 학구탐방에서 '서울에 이런 곳이 있단 말이야?' 하고 놀랐던 기억이 난다. 우리 학교 학생들이 경제적으로 소외된 환경에서 생활하고 있다는 이야기는 들었지만 직접 학교 주위를 다니며 높은 언덕길, 아직도 연탄을 때고 있는 집 등을 보고나니 듣기만 했던 때와는 기분이 또 달랐다. 그리고 학교에서 만나게 될 학생들에게 더 큰 사랑을 주어야겠다는 생각을 했다.

이런 생각은 담임이 되어 '나의 학생들'을 데리고 있게 되니 더 커졌다. 우리 반에는 한 부모 가정, 다문화 가정 등 사회적으로 배려가 필요한 학생들이 학급의 절반가량이 된다. 경험과 수업기술이 부족한 새내기 교사가 이 아이들에게 가장 먼저 그리고 가장 많이 줄 수 있는 것은 '애정' 이라고 생각했다.

나를 만난 학생들이 자신을 올바른 방법으로 아끼고 사랑할 줄 아는 사람이 되기를 바랐다. 자신에 대해 스스로 애정을 갖는 데에는 어릴 적 받는 사랑과 응원이 필수적이다. 그래서 '아이들이 나를 만나 많은 지식과 경험을 채우지는 못하더라도, 사랑받는 경험은 많이 갖게 해주자.'고 다짐했다. 많이 놀아주고, 최대한 이야기를 많이 들어주려고 했고, 자신을 진심으로 아끼고 사랑하는 사람이 있다는 것을 알 수 있게 해주려 했다.

나의 생각이 잘못된 것은 아니었다. 1학기에 비해 2학기가 학급운영이 수월해졌는데 이는 학생들과의 열려있는 관계 덕이라고 생각했다. 그 관계의 바탕에는 서로에 대한 애정이 있었다고 믿는다. 학생들에게 애정을 줄

때, 또 그 애정이 교사에게 되돌아올 때 교실 속에서 내가 존재한다는 느낌을 받았다. 그 느낌은 매우 소중한 경험이었다. 하지만 이 과정에서 온종일 잠시도 쉬지 못해 나의 몸은 점점 지쳐갔다. 학생들이 수업 후에도 교실에 남아 있으려고 할 때면 어디서도 쉴 시간 쉴 공간을 찾지 못했다. 겨우 학생들을 보내고 나면 두어 시간은 곯아떨어지기 일쑤였고 겨우겨우 다음 날 수업준비를 마치고 퇴근해야 했다. 퇴근하고 나서도 피곤은 풀리지 않았고 점점 개인시간이 줄어들며 몸과 마음 모두가 병들어갔다.

멘토의 많은 조언들이 큰 깨달음으로 다가왔음에도 불구하고 큰 고민을 안겨주었던 조언이 바로 '교사도 쉬어야 애정이 나온다.'는 것이었다. 이제껏 생각해왔던 교사로서의 원칙과 배치되는 것이었다. 하지만 쉬지 못하니 몸이 병들기 시작했고 체력적으로 힘들다보니 정신도 예민해지기 시작했다. 좋은 컨디션이었다면 그냥 웃고 넘어가며 잠시 기다려줄 수 있을 학생들의 말과 행동이 밉게 보이기 시작했다. 학생들에 대한 애정으로 시작한 노력이 결국엔 그 반대로 작용하게 된 것이다.

'선생님을 위한 배려 규칙'을 통해 '학생들에 대한 애정은 수업시간에 주고 쉬는 시간에는 교사도 충분히 쉬어야 한다.'는 멘토의 조언이 실현되었다. 쉬는 시간을 충분히 보장받게 된 지금 수업연구를 위한 시간이 조금씩 늘어나게 되었고 뚝딱 해치우는 수업이 아니라 질적으로 성장이 있는 수업을 고민할 여유를 가질 수 있게 되었다. 그리고 학생들에 대한 애정표현은 수업시간을 통해 실천하도록 노력했다. 몸에 쉼이 주어지자 아이들을 보는 마음가짐에도 조금씩 여유가 생겨나기 시작했고 이 여유가 학생들과의 관계에 긍정적인 영향을 미치고 있는 것이다. '교사도 쉬어야 애정이 나온다.' 는 말 속에 담긴 뜻을 이해하게 되었다.

매일 한 가지씩

코칭 과정에서 멘토는 하나가 이루어진 후 또 하나를, 그리고 할 수 있는 만큼만 새롭게 시도하는 것을 강조했다. 앞에서 고백한 문제들을 비롯하여 모든 학생들이 로봇처럼 바른 자세로 집중하기를 바라는 지나친 기대, 학생들을 향한 부정적 어미의 종결(끼어들지 않습니다) 등 코칭 속에서 발견한 문제점들을 매일 한 가지씩 바꾸어나가기 시작했다. 그러자 성과를 확인 할 수 있었다. 지금도 수업 코칭 내용을 꾸준히 실천하면서 성과를 즐기고 있다. 수업 코칭은 아이들을 새롭게 만나게 해 주었고 내 안에 내재되었던 부담감을 한결 덜어주었다. 또 작년 이맘때보다 훨씬 가벼운 마음으로 나의 교사 생활 이야기를 나눌 수 있게 해 주었다.

02
새로운 수업을 시도한
임상장학

임상장학이 뭔데?

저경력 교사는 임상장학을 위한 수업공개를 해야 한다. 임용 첫 해 2016년에는 영어교과를 담당하고 있었기 때문에 무척 예뻐했던 5학년 한 학급과 영어수업을 공개했다. 그런데 열심히 준비했던 수업이 5분 이상 일찍 끝나 "얘들아, 와서 스티커 받아!"라고 외치고 당황함 속에서 수업을 마무리했다. 사후협의회에서 '실패를 걱정하거나 두려워하지 말고 수업의 주도권을 학생에게 넘길 수 있는 수업을 해보라.'는 조언을 받았다. 그렇지만 다른 교사들 앞에서 수업을 공개해야 하는 수업을 학생중심 수업으로 하는 것은 매우 부담스럽다. 학생들에게 활동을 던져주었다가 '수업이 엉망이 되면 어떻게 하나?' 하는 두려움 때문이다.

2017년에도 임상장학을 위해 수업을 준비해야 했다. 학습목표는 '꾸며주는 말을 넣어 문장을 만들 수 있다.'로 정했다. 학생들과 그림을 보고 주어진 문장의 빈칸에 꾸며주는 말을 넣어보는 활동, 말판놀이를 통해 그림을 보고 꾸며주는 말을 넣어 문장을 만드는 활동이 주가 되는 다소 뻔한 수업이었다. '임상장학이 뭔데? 내가 평소에 어떻게 하는지 보여주면 되지.' 하는 생각이었다. 동시에 이 수업이 교사가 수업을 통제하기에 용이한 활동중심의 수업이라는 생각이 있었기 때문이다. 많은 사람들이 와서 보는 수업인 만큼 어떠한 돌발 상황도 최소화할 수 있는 수업, 교사의 수업기술이 주가 되는 수업이 되어야 한다고 생각했다. 그래서 학생중심의 수업을 임상장학에서 시도한다는 것은 꿈과 같은 이야기라고만 생각했었다.

답을 찾지 않는 시범수업

임상장학이 일주일도 남지 않은 시점에서 또 한 번의 수업 코칭을 받는 기회가 마련되었다. 이번에도 역시 멘토가 먼저 우리 반 학생들에게 수업을 보여 주었다. 생각맞이 수업이었다. 그때 수업에 몰입하는 우리 반 학생들의 모습을 보고 '아, 얼마든지 우리 아이들도 학생중심의 수업을 할 수 있구나!' 하는 깨달음을 얻게 되었다.

멘토는 학생들에게 생각을 주입하거나 학생들의 사고를 한 가지 방향으로 수렴시키지 않았다. '과연 1학년 학생들이 스스로 생각하고 말할 수 있을까?' 하는 것은 기우에 지나지 않았다. 평소 '정답'을 말해야한다는 강박에 사로잡혀 발표하려고 하지 않았던 학생들이 너도나도 발표하려고 나서는 모습을 보았다. 그리고 여러 사람 앞이 아니라 한 명의 짝, 몇 명의 모둠친구와 의견을 나누는 활동이 주가 되기 때문에 평소에 발표를 꺼려하는 학생들도 용기를 내어 적극적으로 참여했다. '어쩜 저렇게 창의적인 생각을 하지?' 라고 감탄하게 하는 학생들의 참신한 생각들도 듣게 되었다.

정해진 답을 정해진 과정 속에서 찾게 하는 나의 수업에서는 끝없는 집중박수와 집중구호가 필요했지만 멘토의 수업에서는 그런 것 없이도 학생들의 자발적인 참여와 창의적인 생각이 터져 나왔다. 큰 목소리나 집중구호가 아니라 절제된 손짓과 적당한 크기의 목소리로 학생들을 집중하게 하는 모습도 인상 깊었다. 평소 나는 한명의 학생이라도 교사를 쳐다보지 않으면 온갖 기술을 이용하거나 큰 목소리로 집중을 유도하곤 했다. 그런데 이로 인한 잦은 박수, 커지는 목소리 때문에 학생들이 수업시간에 안정되지 않고 더 붕붕 뜬다는 사실을 발견하게 되었다. '크고 현란한 소리와 기술'이 아니더라도 학생들의 학습 동기와 흥미를 유발하는 지적 활동을 통해 얼마든지 학생들이 집중하게 할 수 있다는 것도 깨닫게 되었다.

수업 중 붙임쪽지를 활용해야 하는 시간이 있었다. 그런데 우리 반에는 한글을 아직 익히지 못한 학생들이 있다. 그 중의 한 학생이 수업 중 붙임쪽지를 만지작거리고만 있었다. 멘토는 그 학생에게 다가가 "이름만 써서 붙여도 된다."라고 속삭였다. 나중에 보니 그 학생은 유일하게 쓸 수 있는 한글이 자신의 이름밖에 없어 붙임쪽지에 수업내용이 아닌 자신의 이름을 쓴 채 만지작거리고 있었던 것이다. 그 학생은 환하게 웃으며 자신의 이름이 쓰인 붙임쪽지를 붙였다. 그 학생은 지능이 부족하지는 않지만 아직 한글을 익히지 못했다. 그래서 수업내용을 따라가지 못할 경우 종종 머리가 아프다고 한다. 그런데 오늘은 그런 행동이 나타나지 않았다. 이 학생에게는 기록을 대신 해 줄 수 있는 친구를 같은 모둠에 앉게 하는 것도 방법 중의 하나라는 조언을 받았다.

다시 준비하다

　임상장학 전날 망설이던 시도를 했다. 멘토의 지도를 떠올리며 교수·학습과정안을 다시 수정했다. 동기유발에서부터 마무리까지 모든 활동을 생각맞이 수업으로 구성했다. 솔직히 말하자면 거기에 학생들에 대한 어떤 믿음이 있었던 것은 아니다. 어차피 작년에 실패해도 괜찮다고 했으니 임상장학이라는 특별한 상황에서 평소에는 해보지 못할 시도를 해보자는 마음이 컸다. 그리고 잘못되면 무참히 깨져보는 경험도 한번 해보자는 배짱도 있었다. 수업이 완벽하게 이루어졌던 것은 아니다. 교사의 설명이 부족했던 탓에 멍 때리는 학생도 있었고 수업 정리활동에서는 엉뚱한 대답도 나왔다. 하지만 전반적으로는 기대했던 것보다 매우 성공적이었다. 특히 이 수업을 통해 '학생중심 수업'에 대한 자신감과 가능성이라는 소중한 것을 경험했다. '교사가 모든 것을 끌고나가지 않아도 되는구나. 오히려 학생에게 수업을 던질 때 활기와 배움이 있는 수업이 일어나는구나.'라는 귀한 깨달음을 얻게 되었다. 임상장학을 위해 설계한 수업구조는 다음과 같다.

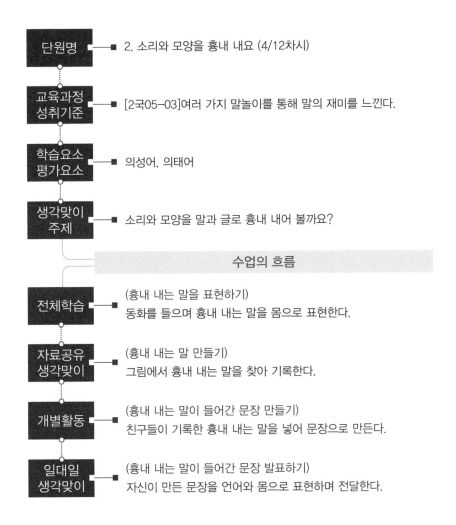

단원명	■ 2. 소리와 모양을 흉내 내요 (4/12차시)
교육과정 성취기준	■ [2국05-03]여러 가지 말놀이를 통해 말의 재미를 느낀다.
학습요소 평가요소	■ 의성어, 의태어
생각맞이 주제	■ 소리와 모양을 말과 글로 흉내 내어 볼까요?

수업의 흐름

전체학습	■ (흉내 내는 말을 표현하기) 동화를 들으며 흉내 내는 말을 몸으로 표현한다.
자료공유 생각맞이	■ (흉내 내는 말 만들기) 그림에서 흉내 내는 말을 찾아 기록한다.
개별활동	■ (흉내 내는 말이 들어간 문장 만들기) 친구들이 기록한 흉내 내는 말을 넣어 문장으로 만든다.
일대일 생각맞이	■ (흉내 내는 말이 들어간 문장 발표하기) 자신이 만든 문장을 언어와 몸으로 표현하며 전달한다.

흉내 내는 말을 찾을 때는 오감을 통해 느낄 수 있는 것을 찾을 수 있도록 한다. 시각, 청각, 후각, 미각, 촉각을 통해서 느껴지는 것을 찾는 것이다. 실제 수업에서는 '보이니?, 들리니?' 라는 용어를 사용하여 시각과 청각을 통해 느껴지는 것을 중심으로 진행하였다.

03
더 나은
교사로서의 나

　교직 3년차인 2018년, 1학년 담임을 다시 맡게 되었다. 며칠 전 한 방송에서 '극한 직업'으로까지 소개되었다고 하는 1학년 담임을 자발적으로 지원하였다. 이 선택에는 길고 어려운 고민의 시간이 있었다. 지난 1년을 1학년을 맡으면서 나의 교직관에 대한 깊은 성찰의 시간을 가질 수 있었다. 순수한 아이들로부터 폭발적일 만큼의 애정도 듬뿍 얻을 수 있었다. 특히 초등학교에 처음 입학시키는 학부모의 큰 관심은 학생에 대한 고민을 함께 나눌 기회를 많이 제공했다. 이는 학생의 변화를 용이하게 이끌었고 그로 인해 얻는 보람이 있었다. 매일 조금씩 긍정적인 모습으로 달라지는 아이들의 변화를 시시각각 지켜보는 행복도 컸다. '1학년 담임'이라서 갖게 되는 장점들이다.

　그러나 선뜻 1학년 담임을 다시 맡기에는 작년에 겪었던 그 어려움의 시간이 계속해서 고민하게 했다. 집에만 가면 들리던 환청들, 퇴근하고도 끝나지 않던 교사로서의 삶의 스트레스, 쉴 사이 없이 혹사당하느라 나오지 않던 나의 목소리! 하지만 멘토링 이후 나는 교사로 다시 태어날 수 있었다. 달라진 나의 교실 모습을 생각하며 자신감을 가졌고 실제로 내 안의 어떤 변화가 일어났는가에 대한 궁금증을 가지고 1학년을 자원하게 되었다.

　새 학기 3월, 주변 동료교사들로 부터 "여유로워 보인다."라는 말을 많이 들었다. 실제로 그러했다. 내가 아이들에게 주는 애정의 크기는 작년과 달라지지 않았지만 멘토링 이후의 몇 가지 작은 변화로 인해 교실이 훨씬 빠르게 안정을 찾을 수 있었다. 아이들이 하교한 뒤, 지쳐 쓰러지기 일쑤였던 작년과 달리 올해 나는 정신적 여유를 가질 수 있었고 정신적 여유는 체력적 여유로 이어져 수업연구에 시간을 더 쏟을 수 있었다. '교사가 행복해야 교실도 행복하다.' 그리고 아이들도 행복해진다.

　'줄탁동시(啐啄同時)!' 성장을 위해 멘토링과 함께 껍질을 깨뜨리고 나오려고 노력했기에 보이지 않던 점들을 발견할 수 있었다. 그 발견 덕에 교사로서의 성장이 더욱 가속화될 수 있었다. 멘토링의 경험이 나의 교사로서의 삶에 행복한 변화를 가져다 준 것이다. 누군가가 나에게 "지금은 학교에 오는 것이 즐겁습니까?"하고 묻는다면 솔직하게 그렇다고 말하기는 힘들 것 같다. 아이들과 함께 생활하면서 안게 되는 여러 가지 고민들 속에서 가지는 성찰의 시간은 교사로 뿐만 아니라 인간으로서 더욱 성장하게 한다. 그러나 그 시간이 항상 행복하고 즐겁기만 한 것은 아니기 때문이다.

　'갈팡질팡' 이 네 글자가 나의 교사로서의 정체성을 나타낸다고 생각한다. '이것이 맞나, 저것이 맞나?' 끊임없이 고민하며 살고 있는 나! 학교에 오는 것이 정말 즐거운 아이들 앞에서 여전히 학교 오는 길이 너무나 힘든 나! 하지만 이러한 고민과 성찰의 끝에는 더 나은 교사로서의 내가 있을 것이라 확신한다.

04
그림책과 함께 한
생각맞이 수업

열정을 다스려 가며

황보현경 교사는 수업에 대한 열정이 넘치고 학생들에 대한 애정이 뜨겁다. 교사로서의 능력도 뛰어나다. 처음 만났을 때 이 새내기 교사는 학생들에게 열정과 애정을 쏟아 붓느라 자신이 타들어 가는 것을 모르고 있었다. 교직생활을 하며 이렇게 열정으로 자신을 다 태우고 결국 재만 남게 되는 교사들을 많이 보아왔다. 다 타버린 잿더미 속에서 불을 다시 지피는 것은 매우 힘들다. 필자도 그러한 경험을 했다. 그렇기에 새내기 시절의 타오르는 열정이 재가 되어 사그라지지 않기를 바라며 만남을 이어갔다. 작은 조언도 한마디 놓치지 않고 기록하는 모습은 감동을 주었다. 그리고 계속된 만남을 통해 열정을 다스리는 교사가 되어가는 것을 보게 되었다. 열정을 절제하며 투입하여 본디 가지고 있는 남다른 능력과 재질을 최상의 수준으로 발휘하는 교사가 되어가고 있었다. 수업전문가가 되기 위해 자신의 모습을 아낌없이 공개했던 용기있는 이 교사는 앞으로 교직의 대들보가 될 것이라는 믿음을 주는 교사이다. 황보현경 교사와의 만남은 나의 시범수업으로 시작되었다. 그 수업은 생각맞이 수업 개발 초기에 저학년용으로 설계해 두었던 그림책을 교재로 사용하는 수업이다. 이 수업을 소개한다.

수업의 시작

초등학교 1학년 학생과의 수업은 경력이 쌓여도 긴장된다. 1학년은 표현이 매우 자유로워 수업자를 당황시키는 경우가 많기 때문이다. 이 1학년 학생들에게 생각맞이 수업을 익혀주기 위해 '그림책으로 하는 독서수업'을 준비했다. 그림책의 제목은 '마술연필'이며 다음과 같은 질문으로 수업을 시작했다.

"꼬마 곰에게는 신비한 능력이 있는 마술연필이 있습니다. 이 마술연필로 그림을 그리면 그 그림은 진짜로 변합니다. 그런데 마술연필의 능력이 항상 나타나는 것은 아닙니다. 어떤 경우에만 마술연필이 능력을 발휘하는 걸까요?"

초등학교 1학년 학생들에게 '마술연필'이라는 단어는 호기심을 자극한다. 학생들이 마술연필의 능력을 궁금해 하기를 기대하며 그림책의 한 장면과 문장을 제시하였다.

숲 속에서 뱀을 만났습니다.
꼬마 곰은 스카이콩콩을 그렸습니다.

"꼬마 곰이 뱀을 만났을 때 스카이콩콩을 그린 이유는 무엇일까요? 그 이유를 생각하며 다음 문장에서 (　)에 들어갈 말을 생각합니다."

마술연필로 그린 그림은 (　) 경우에만 진짜로 변합니다.

　　다양한 내용의 발표자가 등장하기를 기대하며 학생들의 발표에 아무런 정답도 제시하지 않았다. '생명을 해치지 않고 위험을 피하거나 다른 동물에게 도움을 주기 위한 것'이라는 메시지가 학생들의 발표 중에 포함되면 된다.

작가의 의도를 생각해보는 생각거리 제시

학생들의 발표에 이어 생각맞이 주제(학습목표)에 해당하는 다음 문장을 제시하였다.

? 꼬마 곰의 생각을 알아볼까요?

그리고 다음과 같은 대화 예시를 제시했다. 처음 일대일 생각맞이 대화를 나눌 때는 쉬운 단계에서 시작해야 해야 하기에 가장 쉬운 첫 단계의 대화방법을 구체적으로 제시해야 한다.

학생 1 꼬마 곰이 (스카이콩콩을) 그린 이유는 무엇일까요?
학생 2 (뱀을 피하기 위해서)라고 생각합니다.
학생 1 뱀은 (스카이콩콩을) 그린 꼬마 곰에서 어떤 말을 할까요?
학생 2 (나를 다치지 않게 해 주어 고마워.)
학생 1 이제 저에게 질문해 주십시오.

이어서 학생들이 일대일 생각맞이 활동을 할 수 있는 방법을 한 단계씩 익히도록 하였다. 학생들을 대화할 수 있는 대형으로 앉힌 후 대화를 하는 방법을 차근차근 설명해 나갔다. 그리고 실제 그림책 속의 네 장면을 일대일 생각맞이의 생각거리로 제시하였다.

숲 속에서 키다리 아저씨를 만난 꼬마 곰이 사과나무를 그리는 장면
숲 속에서 고래를 만난 꼬마 곰이 수영복을 그리는 장면
숲 속에서 늑대를 만난 꼬마 곰이 무지개 바람을 그리는 장면
숲 속에서 북극곰을 만난 꼬마 곰이 용을 그리는 장면

"4개의 장면을 보면서 연습한 것과 같이 대화를 나누어 봅니다."

학생들은 그림책의 장면이 바뀔 때마다 자리를 이동하면서 새로운 짝을 만나 앞에서 배운 방법대로 대화를 나누었다. 이 때 교사의 개입은 없다. 오로지 학생들끼리 질문과 생각을 주고받으며 자유롭게 그림책을 해석해야 한다. 학생들이 꼬마 곰의 생각을 자유롭게 상상하면서 작가의 생각을 따라갈 수 있기를 바랐다. 일대일 대화가 끝나고 원래의 대형으로 학생들이 돌아온 후 학생들의 생각을 알아보는 발표시간을 가졌다.

그림책을 재탄생시키기

이어서 그림책에 없는 동물(상황)을 제시하고 꼬마 곰이 그릴 그림을 생각하는 활동을 진행했다. 먼저 다음과 같은 문장을 제시하고 마술연필을 가진 꼬마 곰이 주어진 상황에서 '무엇을, 왜' 그렸을 지에 대하여 발표하도록 했다. 다음 활동을 위한 구체적인 연습을 사전에 하는 것이다.

숲 속에서 사자를 만났습니다. 꼬마 곰은 (   )을 그렸습니다.
그 이유는 (   ) 입니다.

학생들의 발표 후 다음 내용의 5개의 그림을 제시하였다. 이 학급이 5
개의 모둠이기 때문이다.

놀이공원에 있는 두 마리의 작은 오리와 커다란 '도널드 덕' 인형
초원에서 강아지와 이마를 맞대고 있는 소녀
자동차 안에서 탈출하려고 몸을 반 쯤 내밀고 있는 곰
풀밭에서 공중에 붕 떠있는 양 한 마리
풀이 없는 바닥에 뒤집혀 누워있는 사자 한 마리

4명씩의 모둠자리를 만들고 5개의 모둠에는 앞에서 제시된 서로 다른
그림을 각각 제시하였다. 그리고 그림 자료가 이동을 하는 '자료공유 생
각맞이' 활동으로 이어갔다.

"필통에서 마술연필이 되었으면 좋겠다고 생각하는 연필 한 자루를 선
택합니다. 이제 꼬마 곰은 숲 속에만 있는 것이 아니라 여러 곳을 여행하
면서 마술연필을 사용합니다. 그 여행지는 선생님이 준비한 그림 속에 있
습니다. 이제 여러분이 꼬마 곰입니다. 그러니까 여러분 손에 마술연필이
있겠죠? 여러분이 그리고 싶은 것을 다음과 같이 글로 써봅니다."

66

저는 마술연필로 (   )을 그리고 싶습니다.
그 이유는 (   ) 입니다.

그림을 보고 학생들은 꼬마 곰이 되어 마술연필로 그릴 것을 생각한다. 그리고 붙임쪽지에 자신의 생각을 쓴다. 타이머 음악이 울리면 정해진 방향으로 학생들의 붙임쪽지가 붙여진 그림이 이동하게 되고, 학생들은 다른 그림이 있는 활동지를 맞이하게 된다. 새로 맞이한 활동지에는 다른 친구들의 생각이 담긴 붙임쪽지가 붙어있다. 그 내용을 읽으며 또 다른 생각을 새 붙임쪽지에 써서 추가한다. 자료가 이동할 때마다 학생들의 생각이 적힌 붙임쪽지의 수는 늘어나게 된다. 이때 한 학생이 여러 장의 붙임쪽지를 사용해도 된다.

이 활동은 학생들의 학습능력에 맞게 교사가 조절을 해야 한다. 1학년 학생이므로 한글을 익힌 정도의 차이가 크다. 따라서 학생들의 학습능력에 따라 '저는 마술연필로 ( )을 그리고 싶습니다.'라는 문장만 써도 된다. 즉 두 문장을 쓸지 한 문장을 쓸지는 학생이 선택하도록 한다. 그러나 ( )안에 들어가는 단어만 쓰지 않고 반드시 문장으로 쓰도록 지도해야 한다. 학생들이 바른 문장을 쓸 기회를 많이 제공해야 하기 때문이다. 붙임쪽지에 학생들의 이름을 쓰도록 하면 평가 자료로 활용할 수 있다.

생각맞이 발표하기

'자료공유 생각맞이'는 일반적으로 처음 시작한 활동지가 제자리로 돌아온 후 끝난다. 하지만 꼭 처음 자료가 돌아와야만 하는 것은 아니다. 교사가 자신의 수업기획에 따라 그 결정을 할 수 있다. 이번에는 4번의 자료이동으로 다른 모둠의 활동지가 남도록 했다. 그리고 멈추어진 활동지 속에서 마음에 드는 내용의 붙임쪽지를 한 개 선택하여 발표하게 하였다. 일반적으로 수업 중 발표는 자신의 생각을 말하는 것이다. 그런데 이 발표는 자신의 생각이 담긴 글이 아닌 친구의 생각이 담긴 글을 선택해 발표하도록 하는 방법이다. 이러한 발표는 학생들의 발표에 대한 부담이 덜어지게 한다. 특히 학습능력이 낮은 학생의 경우에는 더욱 그러하다.

학생들의 창의적인 생각이 담긴 재미있는 상상들이 발표된다. 앤서니브라운의 '마술연필'은 학생들의 상상 속에서 새로운 그림책으로 탄생되어가고 있었다.

생각맞이 도덕수업 코칭

3장

허은제

01. 모든 것이 처음인 신규교사
　　초등임용고사에 최종 합격하셨습니다.
　　오늘까지 입력을 완료해주세요
　　휴! 힘들다.
　　멘토와의 만남
　　오고 가는 눈 빛, 오고 가는 마음

02. 생각맞이 수업을 적용하다
　　두 마리 토끼를 모두 잡는 수업
　　생각맞이 수업에 도전하다
　　첫 임상장학

03. 행복과 행복 저편 사이의 진자운동

04. 정답 찾기를 벗어버린 도덕 수업 (멘토의 글 ❷)
　　수업 전문가를 향하여
　　수업설계 방향
　　공중도덕과 공익과의 관계 탐색하기
　　공중도덕을 실천하기

01

모든 것이 처음인
신규교사

초등 임용고시에 최종 합격하셨습니다

'2016년 초등임용고시에 최종합격하셨습니다.' 라는 모니터에 비친 안내문에 감격했던 순간도 잠깐, 나는 꽤 오랜 기간을 발령대기자로 지냈다. 배부른 소리지만 오랜 기다림이 무척 지루했다. 임용고시를 준비하며 함께 스터디했던 친구 중에는 먼저 발령을 받아 이미 어엿한 교사가 된 친구들도 있었다. 그들이 학교생활에 대해 이야기할 때 나는 경청하는 것 말고는 할 수 있는 것이 없었다. 한 달, 한 학기 그리고 일 년이 지나갔다. 기다린 기간만큼 뒤쳐진 교사가 될 것만 같아 불안했다.

기다리는 동안 마냥 놀기만 한 것은 아니었다. 사실 더 바쁘게 보냈다. 놀기도 하고 책도 읽고 여행도 다녔다. 기간제 교사, 시간강사로 차근차근 발령 준비도 했다. 한 학기는 교과전담 기간제 교사를 했다. 여러 학년의 특성을 글이 아닌 몸으로 경험하며 느낄 수 있었다. 그리고 선배교사들의 학급 환경조성, 학급규칙, 상벌 제도, 생활지도를 눈으로 보고, 귀로 들으며 배우고 익혀갔다.

또 다른 한 학기는 담임을 맡았다. 학부모와의 마찰, 늦은 성적처리, 서툰 나이스 입력 등 그 일 년을 돌아보면 잘한 것을 찾는 것이 더 쉬울 정도이다. 그렇지만 시행착오 속에서도 아이들과의 더 깊은 관계를 맺기 위해 노력하기도 했다. 어디에도 없을 부끄러운 서툰 수업과 학급경영이었지만 내가 직접 부딪히고 실패해보며 얻을 수 있었던 값진 경험들은 지금 나의 자산이 되었다.

기간제 교사, 특히 실전경험이 전무한 새내기 기간제 교사에게는 학교에서 요구하는 것이 많지 않다. '존재감 없음', '소속감 없음', '기대되는 바 없음', 이는 기간제 교사로 지내면서 느낀 감정이다. 따라서 가끔은 외로움으로 힘들기도 했지만 부담감이 없는 자유로움 속에서 교사의 길을 익히는 좋은 면도 있었다. 그렇기 때문에 친구들과 후배들이 기간제 교사의 경험이 필요한지 내게 물어오면 그 필요성을 항상 강력하게 추천한다.

일 년의 긴 기다림 끝에 2017년 3월 2일자 신규 발령자로 당당히 이름이 올랐다. 그리고 3학년 담임교사가 되었다. 그러나 긴 기다림과 기간제 교사의 경험은 정규교사 발령이라는 설레는 마음을 무감각하게 만들었다. 준비가 다 된 것만 같았고 이제 나는 무엇이든 할 수 있을 것 같았다. 그러나 이러한 나의 뻔뻔하고 태평한 생각은 한 달을 가지 못했다.

오늘까지 입력을 완료해주세요

"오늘까지 입력을 완료해주세요."라는 메신저 쪽지를 중첩하여 받는 이는 쪽지가 요구하는 사항을 이행하지 못한 사람이다. 처음에는 전 교직원에게, 그리고 얼마 후에는 절반의 교직원에게, 다시 또 얼마 후에는 열 댓 명에게 반복해서 전달된다. 서넛 그리고 마지막 한 명이 남을 때까지 내 이름이 찍혀있는 같은 내용의 메시지를 몇 통씩 받는 일이 일상이 되었다. 학습진도, 평가, 나이스 입력 등 모든 것이 항상 느렸다. 정신을 놓고 학교를 이리저리 활보하고 다니기 일쑤였다. 허둥지둥 정신없이 학교를 돌아다니는 것은 아마 일등일 것이다. 크게 한 일도 없는 것 같은데 어느새 퇴근 시간이 다가오고는 했다. 매일매일 시간이 부족했다. 선배교사들은 아직 노하우가 없어서 그렇다고 했다. 그 말에 동의하면서도 종종 늦게까지 혼자 남은 컴퓨터 속의 메신저의 로그인 상태를 보면 복잡한 감정이 밀려오고 설움 속에 눈물도 삼켰다.

아이들을 멋지게 휘어잡는 카리스마를 발휘하는 교사가 되고 싶었다. 생활지도 원칙을 지켜가며 재미있는 수업자료와 함께 학생들에게 다가가고 싶었다. 그러나 모든 날이 처음 맞는 오늘이었고 모든 학교행사는 처음 맞이하는 일들이었기에 '아 ~'하는 사이에 모든 것은 끝나곤 했다. 하루하루 학교행사와 시간표 속 수업에 적응하는 것이 버거운 하루살이가 되어버렸고, 나의 바람들은 흔적이 없이 사라졌다. 몸과 마음은 점점 힘들어지고 아이들에게 미소 한 자락, 칭찬 한 마디 보낼 여유도 없었다.

휴! 힘들다

"휴! 힘들다." 수업이 끝나고 교문까지 학생들 하교지도를 한 후 교실에 털썩 앉으면 무의식적으로 튀어나오는 말이다. 정신없이 하루를 보내고 나면 잠시 앉아 짧게나마 그날그날을 반성한다. 오늘 아이들에게 칭찬 한 마디 더 못한 것, 활짝 웃는 미소를 더 보내지 못한 것이 그때마다 마음에 걸린다. 짧은 교직생활에 스쳐가는 몇 몇의 얼굴들이 있다. 우리 반에 있는 아픈 손가락들이다. 그 아이들은 나의 마음을 빼앗는다. 정도의 차이는 있지만 모든 교실에 비슷한 학생들이 몇 명씩 있을 것이라 짐작한다. 주로 나의 평정심을 잃게 하고, 교사로서는 꺼내고 싶지 않은 감정인 분노와 절망의 감정을 이끌어내는 학생들이다. 그런 학생들은 교사의 희로애락을 주관한다.

첫 번째 아픈 손가락

올해부터 '틱'[1]장애가 시작된 학생A가 있다. 처음에는 인지하지 못할 정도로 작은 틱이었는데 3, 4월이 지나자 학급의 모든 학생들이 인식할 정도로 큰 소리의 틱이 되었다. '내가 이 학생에게 무엇을 잘못했을까?' 하고 자책하기도 했었다. 그러나 어떤 도움을 어떻게 줄 수 있을지 막막할 뿐이었다. 학급에 틱장애 학생이 있는 선생님들을 찾아다니며 조언을 구했지만 고치기 힘들다는 이야기만 듣게 되었다. 내가 큰 도움을 주지 못할

---

1) 틱장애는 특별한 이유없이 자신도 모르게 얼굴이나 목, 어깨, 몸통 등의 신체 일부분을 아주 빠르게 반복적으로 움직이는 '운동틱'과 이상한 소리를 내는 '음성틱'으로 나뉜다고 한다.

지라도 아이를 위해 최선을 다할 수 있는 방법을 찾고 싶었다. 그래서 많은 책과 관련 기사도 읽었다.

그런데 이 학생A는 예의바르고 성실한 학생이다. 학업성적도 우수하고 친구들과 잘 지내는 모범생이다. 모든 것이 완벽해 보였다. 그렇기에 나의 아픈 손가락이 되리라고는 전혀 예상하지 못했다. 학기 초의 적응 스트레스가 문제의 원인이었다. 늘 관심의 중심에 있던 학생이었는데 학기 초 스스로 세운 기준에 못미치는 실패를 경험했다. 그 상황을 이겨내지 못한 것이 틱장애의 원인이 되었다. 강하고 의젓하다고 여겼던 학생A였지만 생각했던 것보다 여리고 예민한 학생이었던 것이다. 치료가 쉽지 않았다. 학생A는 병원에 다니기 시작했다. 병원에서는 드라마틱한 변화를 이끌어낼 수 있었을까? 역시나 '스트레스를 줄이는 것'과 '아이에게 가장 편안한 환경을 만들어 주는 것' 외에는 학생A에 대한 의사의 처방은 달리 없었다.

나는 학생A를 위해 사랑과 애정의 표현을 자주하고 정서적으로 가까운 친구들과 모둠을 만들어주었다. 장점을 찾아주고 혹여나 실수를 하면, "그 실수는 아주 사소한 것이야. 누구든 그럴 수 있어."라고 반복하며 위로해주기도 했다. 학부모와 1-2주에 한 번씩 전화 상담을 하면서 가정에서 겪는 일들을 나누고 의사의 진단도 전해 들었다. 예민했지만 워낙 밝았던 성격 덕분인지, 한 학기 동안의 길고 길었던 새 학년 적응기간을 끝내고 너무나 다행스럽게도 그 학생의 음성틱은 줄어들었다. 늦게 피는 꽃처럼 학생A는 아름다운 미소를 되찾았다. 그를 통해 나는 학생과 함께 불안해하거나 흔들리지 않으며, 든든하게 중심을 잡고 학생을 믿으며 천천히 기다려 주어야하는 교사의 초연함을 배운다.

교사이고 어른인 내가 겪는 새 학기 3월의 스트레스도 이루 말할 수 없을 정도로 큰데, 하물며 그 여리고 작은 아이들의 스트레스는 어떠했을까! 독립심 강하고 의젓한 아이처럼, 이제는 다 큰 청소년 같아보여도 3학년은 3학년, 6학년은 6학년, 그저 그 또래의 어린이이다. 새로운 것에는 한없이 작아지고 똑같이 두려워하고 설레고 있다는 것을 새삼 느낀다. 아이들의 눈으로, 아이들의 마음으로 새 학기를 다시 한 번 바라본다.

두 번째 아픈 손가락

매 수업 시간 칭찬이 아닌 일로 열 번도 넘게 내게 이름이 불리지만 너무 사랑스러운 학생B가 있다. 그 아이러니한 사랑스러움은 사실 설명하기는 어렵다. 교사들은 쉬이 공감할 수 있을 것이다. 그것은 행동을 넘어 마음에서 전해져 온다. 학생B는 수업시간에 돌아다닌다. 한글을 읽고 쓰고 말하는데 어려움이 있고 기초학습능력이 조금 부진하다. 원하는 대로 일이 이루어지지 않을 때 폭력적인 모습을 드러낸다. 수업시간에 필기구를 이용하여 끊임없이 소음을 발생시키기도 한다.

새 학년이 될 때 교사가 새로 만나게 되는 학생에 대해 어떠한 편견이나 선입견을 가지지 않도록 학생들의 특이점이 담긴 '꼬리표'를 기록하여 전 학년 담임이 새 학년 담임에게 인계하던 풍토는 현장에서 사라졌다. 따라서 짧게는 며칠, 또 길게는 한 두 달이 지난 후에야 담임은 학교생활에 부적응하는 학생을 발견할 수 있다. 이 학생B의 경우도 그랬다. 이 아이의 잘못된 행동들은 종종 학급운영 전반을 어렵게 했다. 나는 때때로

좌절했고 내가 이 학생을 위해 할 수 있는 것이 아무 것도 없는 것 같아 무기력함을 느꼈다. 학기 초부터 학생B와 래포(Rapport)를 형성하기 위해 많은 노력을 해야만 했다. 지난 학년 담임교사들을 찾아가 상담하고 학생 특성과 관련된 많은 책들을 읽었다. 컨설팅 상담도 자원했다. 노련한 선배교사들과 하루하루의 사건들을 상담하고 조언을 받았다. 학생B의 입장에서, 또 나머지 우리 반의 다른 모든 학생들의 입장에서, 그리고 교사의 입장에서 더 좋은 지도 방법들을 고민했다.

이러한 많은 시도들은 변화를 만들어 냈다. 내 감정의 끝을 드러내는 순간도, 다 포기하고 싶게 만드는 순간들도 있었지만 학생B와 나의 노력에 밝은 날이 찾아온 것이다. 사랑과 칭찬, 격려와 적절한 피드백은 그 학생을 따뜻하고 온순하게 만들었다. 학습 부진의 문제는 쉽게 해결되지 않았지만 더 이상 교실에서 소외되거나 부적응한 학생이 아니었다. 어느새 학급 공동체 속에 쏙 들어와 다른 친구들과 함께 웃고 즐기며 배려하고 있었다. 이 학생을 통해 참된 교사의 길에서 놓치고 있었던 것들을 반추해 볼 수 있었다. 마음으로 다가가는 것은 어떤 것인지, 칭찬의 힘은 학생을 얼마나 변화시킬 수 있는지, 잘 가르치는 것은 교사의 중요한 자질이지만 더 필요한 것은 무엇인지, 모든 학생은 꼭 공부를 잘해야 하는지와 같은 질문들이 그것이다.

어려운 학생들에 대한 지도의 어려움과 걱정은 여전히 내 속에 있다. 내년에 또 다른 학생C가 나에게 절망감, 회의감, 무력감을 줄 것이다. 앞으로 모든 상황에서 모든 학생을 잘 지도할 수 있을 것이라 자신하는 것은 아니다. 그저 학생A와 B로 인해 느끼는 보람 한 주먹, 넓어진 마음 한

뻠, 내딛은 한 발에서 내가 아이들과 함께 성장하고 있음을 느낀다. 그리고 스스로를 대견스러워한다. 그렇지만 오늘도 힘들었다.

멘토와의 만남

이렇게 울고 웃으며 힘들다 말할 힘도 없이 지쳐있던 그즈음 북부교육지원청에서 실시하는 '수석교사−신규교사 멘토링'에 참석하게 되었다. 처음에는 바쁜 업무와 일상에 부담이 되는 스케줄 중 하나로 여겼다. 무엇을 하더라도 다른 선배교사들 보다 시간이 두 배쯤 걸리는 미숙한 신규교사이기에 오후 시간을 출장으로 보내는 일이 반갑지는 않았다. 하지만 '수석교사−신규교사 멘토링'은 시간이 지날수록 건조하고 여유없는 가뭄 같은 나의 일상에 단비 같은 시간이 되어주었다.

멘토링은 파격적으로 이루어졌다. 약안, 세안, 수업공개와 같이 듣기만 해도 부담스러운 형식적인 절차가 아니라 교사의 부담은 최소화하며 실질적으로 자신을 연찬할 수 있는 방향으로 진행되었다. 수업공개는 멘토와 협력수업으로 이루어지기에 교수·학습과정안은 간단하게 수업의 흐름을 안내하는 수업 흐름도로 작성하면 되었다. 그리고 멘토와 전화와 메일을 통해 유연하게 수정되었고 떠오르는 더 좋은 아이디어는 즉각적으로 반영되었다. 수업공개는 각 잡힌 수업공개가 아니라 평소에 관심은 있었지만 쉽게 도전하지 못했던 다양한 수업활동과 형식을 적용해볼 수 있는 장이 되었다. 일회성의 수업이 아닌 멘토링 수업공개는 수업의 연습과 발전을 가능하게 했다.

오고 가는 눈빛, 오고 가는 마음

　멘토링을 통해서 같은 입장인 여러 동료교사들을 만나게 되었다. 오랜만에 만나는 같은 그룹 신규교사들과의 만남은 즐거웠다. 다들 서로 다른 고민과 어려움을 겪고 있었지만 크게 보면 신규교사들의 열정과 미숙함이 담긴 같거나 비슷한 고충들이었다. 우리들의 이야기는 동학년 교사들과 연륜이 있는 선배교사들의 조언처럼 적절한 해결책을 제시해주지는 못했지만 함께 주고받는 눈빛과 가벼운 고개 끄덕임, 맞장구치기로 '나만 어려운 것이 아니야.', '나만 못하는 것이 아니야.'라며 공감하면서 방황하고 힘겨웠던 나의 시간들을 위로해 주었다. 짙은 동료애를 느낄 수 있는 기회였다. 이런 동료교사들과의 대화는 '적어도 우리 반의 일은 나 혼자 다 해낼 수 있어야해.'라고 나를 괴롭히던 생각에 작은 균열을 만들었고, 이러한 생각의 변화는 나를 변화로 이끄는 씨앗이 되었다. 그들의 이야기를 들을 때면 우리는 서로 다른 학생을 만나고 있지만 똑같은 교실 상황에서 같은 아이를 가르치는 것만 같았다. 함께 힘들고, 함께 정답을 몰라 동동거리기까지 했다.

　나의 아픈 손가락이 크게 달라지지 않아도 괜찮다는 생각이 든 것도 큰 변화였다. 크게 달라지지 않아도 괜찮다는 말은 그 학생을 포기한다는 것이 아니다. 작은 변화들에 기뻐하며 매 순간 할 수 있는 일을 다 하면서 학생의 행동 하나, 말 한 마디에 흔들리지 않는 초연함을 향해 나아가게 된 것이다. 상태가 많이 좋아진 첫 번째 아픈 손가락과는 달리 두 번째 아픈 손가락의 남다른 특징은 아직 크게 바뀌지 않았다. 그렇지만 나와는 점점 가까워졌다. "주말에 뭐했어?"라는 사소한 질문과 관심에 즐거워하고 잘못된 행동을 하다가 나와 눈이 마주치면 얼음이 된다. 여전히 나와 학급 친구들을 힘들게 하지만 내가 조금 더 힘든 하루를 보낼 때 나에게 와서 어눌한 말투로 "선생님, 얼굴이 왜 그래요?"라고 무심한 척 말하고 간다. "선생님, 힘내세요."라고 들린다고 하면 나의 착각일까? 그러나 그 학생의 '얼굴이 이상하다'는 이야기에 나는 웃음과 힘이 난다. 여전히 교사로서 서툰 나의 화를 끌어올리는 특별한 재주가 있는 아이이지만 또 나의 감동과 감사를 한없이 끌어낼 수 있는 존재라는 것을 알기에 나는 이 아이를 통해 딱 한 뼘만큼 성장했음을 느낀다.

02
생각맞이 수업을
적용하다

두 마리 토끼를 모두 잡는 수업

　멘티 중 첫 번째로 수업공개를 하게 되었다. 무엇이든 처음은 부담스럽지만 첫 수업을 자원했다. 부족한 수업실력을 스스로 알기에 매를 먼저 맞아야한다는 생각으로 첫 수업공개를 자원했던 것이다. 또 교단에 들어서며 꿈꾸었던 새로운 수업의 시도는 학생들과의 정신없는 일상에서 점점 희미해지고 있음을 자각하고 있던 터였기에 멘토의 도움을 빨리 받고 싶은 마음도 있었다. 그래서 첫 수업공개를 선택했고 그런 나의 결정은 옳았다.

　먼저 멘토의 시범수업이 있었다. 이때 처음 접한 생각맞이 수업은 어디서도 볼 수 없었던 새로운 형식의 수업이었다. 너무나 색다르고 충격적인 수업이었다. 임용고사 수업실연을 준비하며 수많은 우수 수업 동영상을 시청하였다. 저경력 교사이기 때문에 다른 학교의 많은 수업 나눔에 자의 반 타의 반으로 참석하여 참관도 꽤 하였다. 그렇지만 생각맞이 수업과 같은 독창적인 수업은 만나지 못했었다.

　수업공개는 학생들이 즐겁게 참여하는 학생중심의 역동적이고 화려한 수업을 기대하게 된다. 그러면서 교사 자신의 교육관도 드러내 보여주는 수업이어야 한다. 두 마리 토끼를 한꺼번에 잡아야 하는 것이다. 그러나 수업공개에서 이 두 마리의 토끼를 모두 잡기는 쉽지 않다. 눈과 귀가 화려한 역동적인 수업은 일회성이기 쉽다. 일회성으로 기획된 수업이 교사의 교육관과 부합할리 없다. 일 년에 한 두 번 하는 수업공개이니 평소보다 즐겁고 화려한들 어떠한가라고 생각할 수 있다. 그렇지만 자신의 교육관과 교수 스타일의 일관성을 고려한 수업을 공개할 때 진정으로 수업공개의 의미를 찾을 수 있다.

　생각맞이 수업은 공개수업에서의 두 마리의 토끼를 모두 잡으면서도 배움이 일어나게 할 수 있는 수업모형이었다. 생각맞이 수업에서는 학생들이 같은 질문을 반복해서 주고받으면서 스스로 그 답을 찾아간다. 이때 질문과 답은 다른 학생들을 만나면서 정련된다. 역동적이면서 흥미롭고 그 와중에 깨달음과 배움이 있었다. 참 좋은 수업모형이라 느꼈다.

　내 학급에서 나의 학생들과 꼭 실행하고 싶은 열망이 부풀어 올랐다. 하지만 실천은 달랐다. 새로운 것에 대한 시도는 처음이 참 어려웠고 그 시작을 차일피일 미루게 되었다. 시범수업을 통해서 본 생각맞이 수업이 정말 좋았지만 생각대로 나의 교실에서 정말로 적용해보는 것은 또 다른 문제였기 때문이다. 결국 멘토링 공개수업이 다가왔고 이 수업을 처음 적용해볼 수 있었다. 아이들은 곧 잘 따라했다. 그리고 즐거워했으며 잘 학습했다. 멘토링이 끝난 뒤에도 주로 도덕교과, 국어교과, 사회교과에서 생각맞이 수업을 적용하고 있다. 세어보진 않았지만 일주일에 한 번 정도는 생각맞이 수업을 시도하는 것 같다. 나도 좋고 아이들도 좋아하는 수업이다.

생각맞이 수업에 도전하다

멘토링에서 공개할 수업의 교과는 도덕으로 선택했다. 2009 교육과정 성취기준은 '도431. 공중도덕의 의미와 중요성을 종합적으로 이해하고, 공공장소에서 지켜야 할 질서와 규칙을 적극적으로 실천할 수 있다.'이다. 2015 교육과정에는 '[4도03-01]공공장소에서 지켜야 할 규칙과 공익의 중요성을 알고, 공익에 기여하고자 하는 실천 의지를 기른다.'로 제시되어 있고 교과서에 제시된 단원명은 '함께 지키는 행복한 세상'이다.

이 내용이 '학생들이 모두 아는 너무나 당연한 내용은 아닐까?'라는 우려 속에 1차시 수업설계 초안을 준비하였다. 그리고 메일과 전화를 통해 멘토와 함께 수업을 수정해 갔다. 교과서를 주요 자료로 활용하는 생각맞이 수업으로 설계하여 나아갔다. 학습자료는 모둠 화이트보드와 붙임쪽지가 전부였다. 붙임쪽지 대신 이면지를 잘라서 사용할 수도 있지만 공개수업임을 고려하여 색깔이 있는 붙임쪽지를 활용하였다.

수업 문 열기

동기유발은 공공장소에 대한 개념을 가지게 하는 교과서의 두 컷의 공익광고 장면을 제시하면서 시작되었다. 공중도덕과 관련된 동영상도 있었지만 그림만을 제시하였다. 멘토는 동영상 보다는 그림을 동기유발을 위한 자료로 권하였다. 동영상은 정지되지 않고 계속 흘러가기 때문에 학생들은 동영상의 내용을 따라가느라 생각하기보다 그저 훅 지나가는 활동 그림의 재미만을 느끼는 것에 그치는 경우가 많다고 한다. 그러나 정지된 자료는 학생들이 더 차분하게 생각으로 이끌 수 있다. 이때 우선 그림에 집중하게 한 후 그림의 내용을 해석하게 해야 의미있는 이야기가 만들어진다. 학생들을 침묵 속에서 생각하기가 끊임없이 이어지게 하는 것이다.

따라서 학생들이 스스로 공공장소와 공중도덕에 대하여 생각해 보도록 하는데 초점을 두고 다음의 그림 두 장면을 동기유발을 위한 자료로 제시하였다.

지하철 안에서 핸드폰으로
큰 소리로 전화하고 있는 장면

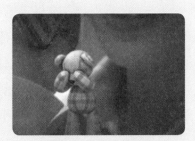
핸드폰 고리의 인형이
얼굴을 가리고 있는 장면

"공익광고 속의 여자는 어디서 무엇을 하고 있습니까?"
"공익광고 속의 인형이 얼굴을 가린 이유는 무엇입니까?"

두 질문을 차례로 던지면서 공공장소라는 공간과 공중도덕의 의미를 학생들 스스로 생각해보도록 유도하면서 학습동기를 유발시켜 나갔다.

활동 1 – 전체학습

공공장소와 공중도덕의 용어의 의미를 깨닫게 하는 것이 이 활동의 목적이다. 교과서에 제시된 4개의 공공장소의 그림과 4개의 질문을 차례로 제시하며 활동을 시작하였다. 교사의 질문은 하나의 스토리로 이어지게 구성하였고 학생의 답변을 중심으로 용어를 정의해 나갈 수 있도록 설계했다.

| 공원 | 놀이공원 | 엘리베이터 | 학교 복도 |

"이 장소들의 공통점은 무엇입니까?"

"공공장소는 누구를 위한 곳입니까?"

"다른 공공장소는 어떤 곳이 있습니까?"

"공공장소에서 지켜야 할 질서와 규칙을 무엇이라고 합니까?"

"이 장소들의 공통점은 무엇입니까?"라는 질문에 학생들은 쉽게 '공공장소'라는 용어를 등장시킨다. "공공장소는 누구를 위한 곳입니까?"

라는 질문에는 아주 쉽게 '여러 사람들'이라고 답변한다. "다른 공공장
소는 어떤 곳이 있습니까?"라는 질문에는 자신들이 알고 있는 장소들을
여기저기서 말한다. "공공장소에서 지켜야 할 질서와 규칙을 무엇이라고
합니까?"라는 질문에 '공중도덕'이라는 용어 역시 쉽게 나온다. 공공장
소라는 구체적인 공간에서 출발하여 공중도덕이라는 추상적 개념까지 끌
어낸다. 이미 대부분의 학생들이 알고 있는 내용이므로 개념을 확인하는
정도로 진행하였다.

활동 2 - 자료공유 생각맞이

공공장소별로 지켜야 할 공중도덕을 탐구하는 단계이다. 이때 대부분
의 경우 '조용히 줄서기, 쓰레기 버리지 않기' 등과 같이 어느 장소에서든
지켜야 할 일반적인 공중도덕에 생각이 그치게 된다. 이는 공공장소라는
포괄적인 주제가 학생들에게 주어지기 때문이다. 수업내용에 따라 차이는
있지만 수업을 성공적으로 이끌기 위해서는 구체적인 주제와 자료가 주어
지는 것이 필요하다. 구체적인 제시가 학생들의 생각을 닫히게 한다는 견
해를 펼치는 이도 있지만 오히려 그 반대의 경우가 더 많다는 멘토의 조
언이 있었다.

공중도덕에는 모든 공공장소에 해당하는 공통된 규칙도 있지만 해당
장소에서만 지켜야 할 규칙도 있다. 또한 장소에 따라 지켜야 할 안전규
칙이 서로 다르다. 포괄적인 주제가 주어졌을 경우에는 그 장소에만 해당
되는 공중도덕이 제외될 수 있다. 꼭 알아야 할 내용이 빠져버리는 것이
다. 따라서 6개의 모둠에 각각 '엘리베이터, 놀이동산, 영화관, 학교, 도서

관, 버스(또는 지하철)' 그림이 한 개씩 주어졌다. 이 6개의 자료를 생각맞이 수업에서는 '마중자료'라고 부른다. 학생들의 생각을 마치 마중물처럼 끌어올려주는 기초자료이라는 뜻이다.

모둠별로 서로 다른 각각의 공공장소 그림을 주고 '자료공유 생각맞이' 활동을 적용하여 모든 학생이 각 장소의 공중도덕을 찾으며 익힐 수 있도록 하였다. 학생들은 주어진 장소에서 지켜야 할 규칙을 붙임쪽지에 써서 해당 공공장소 그림이 붙여진 모둠활동판에 붙였다. 일정한 시간이 지난 후 각 모둠활동판은 정해진 규칙에 따라 다른 모둠으로 이동을 하게 된다. 모둠활동판이 옮겨오면 새로운 주제와 앞의 모둠원의 생각이 따라온다. 모둠활동판이 옮겨질 때마다 적혀있는 내용은 늘어난다. 따라서 학생들은 더 깊이 생각해야만 새로운 내용을 추가할 수 있다. 누구나 생각할 수 있는 쉬운 내용은 이미 나왔기 때문이다. 점차 추가하는 내용이 줄어들게 된다. 때로는 생각의 깊이가 깊은 일부 학생의 생각만 추가되기도 한다. 이 활동에서는 모든 모둠원이 전부 새로운 생각을 내야 할 필요는 없다는 멘토의 조언이 있었다. 일부 학생은 다른 모둠원의 생각을 공유하는 것에 그쳐도 된다는 것이다. 학생의 능력에 따른 수준별 학습이 자연스럽게 일어나게 하는 것이다. 또한 자료공유 생각맞이 활동은 별도의 발표를 하지 않아도 각 공공장소에서 지켜야 할 공중도덕을 공유하면서 스스로 배우게 한다.

학생들은 놀이동산과 관련된 공중도덕을 가장 많이 찾았다. 놀이동산이 학생들에게 가장 관심 있는 장소이기 때문일 것이다. 다음은 학생들이 찾은 공중도덕 중 일부이다.

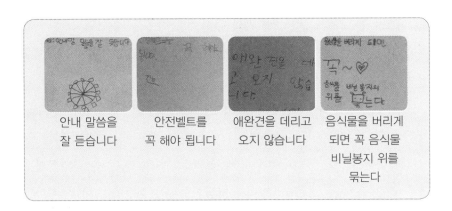

안내 말씀을
잘 듣습니다

안전벨트를
꼭 해야 됩니다

애완견을 데리고
오지 않습니다

음식물을 버리게
되면 꼭 음식물
비닐봉지 위를
묶는다

　'안내 말씀을 잘 듣습니다'라는 문장과 놀이기구 그림이 같이 그려져 있다. 놀이기구를 타고 싶어하는 마음이 느껴진다. '안전벨트를 꼭 해야 됩니다'는 놀이동산에서 지켜야 할 안전과 관련된 공중도덕이다. '애완견을 데리고 오지 않습니다.'는 내용에서 애완견을 데리고 온 사람이 많아지고 있는 세상의 변화에 따라 지켜야 할 공중도덕도 달라지겠다는 생각을 하게 한다. '음식물을 버리게 되면 꼭 음식물 비닐봉지의 위를 묶는다.'라는 글과 사랑스러운 그림 문자도 넣었다. 꼭 지켜야 할 것만 같다.

　'줄서기, 차례 지키기, 조용히 하기' 등 지켜야 할 기본적인 공중도덕은 대부분 담겨있었다. 그러나 '놀이기구를 탈 때 나 혼자 탄다고 화를 내지 않는다.'와 같이 공중도덕이 아닌 내용도 담겼다. 학생들이 자유롭게 생각을 열다보면 사고가 확장되면서 엉뚱한 방향으로 흘러가기도 한다. 그러나 멘토는 괜찮다고 판정한다. 지금은 생각을 쏟아 부어야 하는 과정이다. 활동이 끝난 후 공중도덕과 공중도덕에 해당하지 않는 내용을 분류하는 과정을 거치면 된다는 것이다. 즉 오답에 대한 정정의 과정이 주어지는 것이다. 이런 오답을 찾는 과정에서 학생들은 더 분명하게 공중도덕의 의미를 이해하게 된다.

활동 3 –일대일 생각맞이

본 차시의 목표 도달을 위한 핵심활동이다. 지켜야 할 공중도덕을 알고 있으면서 이를 지키지 않는다면 배운 지식은 무의미하다. 시험지 정답 속에 머무르는 죽은 지식이 되는 것이다. 따라서 공중도덕을 지켜야 하는 이유에 대해서 학생들 스스로 충분히 논의하는 과정이 필요하다. 이를 '일대일 생각맞이'에 접목시켰다. 준법정신을 갖출 수 있는 시간을 충분히 주는 것이다. 일대일 생각맞이 대화를 돕기 위해 주어진 마중질문은 다음과 같다.

마중질문
사람들이 공중도덕을 지키지 않으면 어떤 일이 일어날까요?
공중도덕을 지켜야하는 이유는 무엇인가요?

공중도덕을 지키지 않으면 어떤 일이 일어날지를 먼저 생각함으로써 공중도덕을 지켜야 하는 이유를 자연스럽게 이끌어내는 질문이다. 이는 공중도덕의 중요성을 깨닫게 하는 질문이다. 마중질문을 만드는 설계는 깊이와 방법이 매우 다양하다고 한다. 그리고 이 설계가 수업의 수준을 결정하기에 학생들의 수준을 파악하여 설계하여야 한다고 한다. 수업 대상이 생각맞이 수업을 접하기 시작하는 어린 3학년 학생이므로 교과서에서 뽑아낸 내용을 중심으로 마중질문을 만들었다.

학생들은 자리를 이동하면서 마중질문으로 묻고 답하기를 반복한다. 단 두 개의 질문이지만 학생들의 답변은 서로 다르다. 또한 비슷한 내용이라도 다른 사람이 말하면 다르게 들릴 수도 있다. 대화가 반복이 되면 될수록 자신의 입으로 공중도덕의 중요성을 끊임없이 반복하면서 말하게 된다. 그리고 공중도덕을 지켜야 하는 이유를 마음속에 간직하게 될 것이다. 이때 동료 평가를 할 수 있는 방법을 병행할 수 있다. 논리적으로 자신의 생각을 설명하면 '생각맞이 막대'[2]라는 표시물을 주도록 한 후 그 막대의 수를 평가에 활용한다.

정리활동 – 생각나누기

마중질문을 중심으로 학생들이 나눈 내용을 발표하는 것으로 수업을 정리하였다. 여러 명의 짝과 대화를 나누면서 발표를 연습할 시간이 충분히 주어졌기에 더 많은 학생이 발표할 수 있었다. 교육은 충분히 생각할 수 있는 시간과 또 그를 표현할 수 있는 기회를 준 후에 많은 사람 앞에서 골고루 발표를 하도록 하는 것이 중요하다. 그렇지 않으면 이미 알고 있었던 일부 학생들만이 발표를 독점하게 될 수 있기 때문이다. 왕성한 발표 속에서 나의 생각맞이 수업에 대한 도전은 성공적으로 끝났다.

---

2)생각맞이 막대와 관련된 상세한 내용은 함께 출간되는 '생각맞이 수업' 3장에 실려있다.

첫 임상장학

폭풍 같았던 1학기를 보내고 첫 여름방학을 보내고 2학기가 시작되었다. 시간은 바쁘게 흘러갔고 학교는 항상 활기가 넘쳤다. 그러나 나는 여전히 바쁘고 힘들었다. 더구나 임상장학이 나를 기다리고 있었다. "학교에 무슨 행사 있니? 요즘 바쁜 일 있어?"라는 동료교사와 친구들의 질문에 "임상장학 주간이야."라는 짧은 대답은 나의 힘듦, 바쁨, 스트레스를 길게 설명하지 않아도 이해시킬 수 있는 말이었다. 앞으로 3년간 임상장학을 의무적으로 해야만 한다. 사실 3년이 지나도 10년이 지나도 수업공개는 편하지만은 않을 것이다. 세월과 수업실력이 비례하는 것은 아닐 터이니 말이다. 그 첫 번째 임상장학에 생각맞이 수업으로 수업을 공개하기로 마음먹었다. 이미 멘토링 과정에서 가치와 효과를 확인한 바 있고 적용경험도 가졌던 수업모형이기 때문이었다. 세월과 비례하여 성장하는 나를 그리며 나를 한 걸음 나아가게 할 임상장학이 되기 위해서였다.

수학교과와 사회교과는 단원 전체를 스토리텔링으로 수업하고 있기에 한 차시만 떼어 수업을 공개하기엔 어려움이 있었다. 국어교과와 도덕교과가 선택지로 남았다. 국어교과와 도덕교과 중에서 당시 생각맞이 대화를 더 많이 적용하는 교과는 도덕교과이었기에 임상장학의 수업공개에도 도덕 교과를 공개 과목으로 선정하였다.

수업공개 차시를 선택하는 것부터 멘토와 함께했다. 멘토는 세로로 작성한 활동지를 가로로 변경해주는 사소한 것까지 조언해주었다. 학생들이 한 눈에 읽기에 불편함이 없도록 학생 입장에서 바라본 것이다. PPT

화면의 글자 크기나 배치, 구성까지 세세한 지도아래 수업준비에 생긴 크고 작은 구멍들을 메꾸어 나갔다. 기본적인 활동, 수업자료, 그림들을 모두 교과서에 있는 것들을 활용했다. 교과서의 자료들이 가장 기본이 되어야하며 또한 이것들을 잘 활용하면 얼마든지 좋은 수업자료로 변신시킬 수 있다고 생각한다. 교과서를 훌륭하게 변신시킬 수 있는 교사는 다른 자료를 활용한 수업설계도 성공할 수 있다는 멘토의 조언에 동의한다. 이렇게 멘토의 도움 속에 교과서를 자료로 삼은 생각맞이 수업으로 준비한 임상장학의 공개수업은 진행되었다.

03
행복과 행복 저편 사이의 진자운동

영화 속 아이들의 모습은 언제나 순수하고 밝게 웃는 모습이었다. 그러나 현실에서 아이들과 함께 하는 것은 영화처럼 모든 순간이 반짝거리고 예쁘지는 않았다. 신규교사인 내가 감당하기에는 힘들고 벅찬 아이들만 교실에 있는 것 같다. 그래서 나는 행복의 정반대 어디쯤엔가 있는 것 같다는 생각도 든다. 하지만 나를 행복 저 편으로 데리고 간 그 아이들로 인해 교사가 되길 잘했다고 생각하게 된다. 아이들의 작은 행동, 말투 하나가 나를 웃게 하고 위로해 준다. 힘들고 고되었던 하루를 눈 녹이 듯 사르르 녹여버린다. 이렇게 나는 행복과 행복 저편 사이를 오가며 매일 진자운동[3]을 한다.

봄, 여름이 지나고 완연한 가을이 되었다. 나는 여전히 서툴고 학교에서 제일 바쁜 신규이다. 아직 드라마틱하게 변한 것은 없다. 새내기 교사인 나는 지금도 아이들을 휘어잡는 것이 어렵고, 학부모 상담이 긴장 되

---

3) 중력의 영향 하에서 전후로 자유롭게 흔들릴 수 있도록 한 점에 고정된 상태로 매달려 있는 물체를 진자라고 하며, 이 물체가 움직이는 것을 진자운동이라 한다.

고, 업무의 진도가 제일 느리다. 하지만 나는 분명 성장했고 변화했음을 느끼고 있다. 멀리서 보면 내 모습은 3월과 똑같겠지만 자세히 들여다보면 약간의 여유와 미소를 찾을 수 있을 것이다. 또한 학생들과는 뜨거운 래포를 형성했고, 생각맞이 수업이라는 성능 좋은 무기도 가지게 되었다.

산을 하나 넘었으면 차례차례 또 다른 산들도 넘는 순례자와 같은 마음으로 올해의 남은 시간들도 채워나갈 것이다. 서툴렀던 일 년차 교사의 딱지를 떼어내고 또 다른 3월을 맞을 때는 더욱 성장한 모습으로 교단을 지키고 있을 것이라 기대해 본다.

04

정답 찾기를 벗어버린
도덕 수업

수업전문가를 향하여

야리야리한 모습의 허은제 교사는 코스모스를 연상하게 했다. 그런데 수업공개를 가장 먼저 하겠다고 자원하는 당차고 용감한 모습을 지닌 교사였다. 새로운 수업을 향해 도전하려는 용기가 돋보였다. 이 교사는 기본을 무엇보다 중요시하고 또 교사로서 갖추어야 할 것을 하나씩 찾아가며 준비하는 모습이 믿음직스러웠다. 생각맞이 수업을 적용해 나가는 모습에서는 수업과 학급경영에 대한 기획력이 돋보였다. 한 두 번의 수업 경험만을 가지고도 자신만의 수업을 만들어 나가고 있었다. 앞으로 교단을 단단하게 지키는 교사가 될 것이다. 이렇게 당차게 도전해나가는 허은제 교사가 최고의 수업 전문가로 성장한 미래의 모습을 기대한다.

멘토링 과정 중에 설계된 수업은 필자도 수업시간에 직접 학생들에게 적용한다. 그런데 앞에서 소개한 수업은 한 단원의 4차시 수업 중 1차시에 해당하는 수업이다. 따라서 멘티와 필자에게는 나머지 3차시에 대한 수업설계가 필요하였다. 그래서 그 후에 이어질 2~4차시의 수업을 하나의 스토리가 되게 설계하였기에 그 내용을 소개한다.

수업설계 주안점

새내기 교사의 1차시 수업에서 학생들은 자신이 지켜야 할 공중도덕을 찾아보고 그 공중도덕을 지켜야 하는 이유도 생각해 보았다. 다음 차시는 공중도덕을 지켜야 할 실제 상황에서 올바른 판단을 하고 이를 실천하는 수업을 할 차례이다. 그렇다면 학생들을 데리고 그 모든 현장을 찾아다녀야만 할까? 현실적으로 어려운 일이다. 이러한 경우 보통 교과서에는 '실천 점검표'를 적용할 수 있도록 제시한다. 그런데 이러한 활동은 실천을 통해 이루어져야 하는 덕목을 점검표 안 점수 속에 숨기게 된다. 학생들은 ○표 개수를 시험지의 정답으로 생각하기 때문이다. 그래서 자신의 행동을 깊이 성찰하기보다는 정답을 고르듯 높은 점수가 적힌 칸에 ○표를 한다. 실천하지 않은 항목인데도 마치 실천한 것처럼 거짓을 행하게 되는 것이다. 그리고 이 행위를 거짓으로 인식하지 않는 문제도 함께 발생한다. 이러한 교육의 결과는 사회의 한 부분을 책임지게 된 어른들의 모습에서 고스란히 찾아 볼 수 있다.

요즘 '도덕 불감증'이라는 용어가 곧잘 등장한다. 그러나 당사자는 그 용어를 받아들이기 어렵다. 정답에 충실하게 살았기에 자신의 잘못을 인정하기보다 '운이 없어 생긴 일'이라고 여기게 된다. 그리고 그러한 일들은 반복된다. 이러한 문제에서 벗어날 수 있는 학습활동을 고민해 왔다. 좀 더 삶의 현장으로 다가가는 내용을 학생들이 직접 기입해 나가도록 설계하였다. 이러한 설계를 통하여 도덕수업이 정답 찾기 수업으로 치우치는 것을 막아보고자 하였다. 또 최종에는 이 활동의 내용을 모아 '내가 지킨 공중도덕으로 변한 세상'이라는 제목의 책 만들기로 발전시킬 수도 있다.

공중도덕과 공익과의 관계 탐색하기

앞에서 이루어진 1차시 수업의 결과물인 학생들이 지켜야 할 '공중도덕의 내용' 중에서 학생들이 하나의 공중도덕을 선택하는 것으로 수업을 시작한다. 이어서 자신이 선택한 공중도덕을 지키면 어떤 좋은 점이 있는지 찾는 활동을 한다. 이 활동에는 '모둠간 생각맞이'를 적용한다. 학생들은 다음의 예시에서 보는 것처럼 활동지에 자신이 선택한 공중도덕을 하나 적는다. 그 활동지를 가지고 각 모둠을 이동하면서 공중도덕이 지켜졌을 경우에 얻게 되는 좋은 점, 즉 '공공의 이익'을 친구들의 도움을 얻어가며 기록한다. 이렇게 각 모둠의 도움을 받아 활동지를 채운다. 모둠을 이동할 때마다 기록되는 내용은 늘어날 것이다.

모둠간 생각맞이가 끝나 자신의 자리에 돌아오면 친구들과 함께 찾은 내용을 토대로 생각맞이 글쓰기를 한다. 이 글에는 '지켜야 할 공중도덕 → 공중도덕을 지켜야 하는 이유 → 그로인해 달라지는 우리의 삶'에 대한 내용이 순서대로 들어가도록 지도한다. 즉 생각맞이 주제인 '공중도덕을 지키면 우리의 삶은 어떻게 달라질까요?'에 대한 답변으로 글을 마무리하게 하는 것이다. 국어교과와 도덕교과를 통합함으로서 국어능력 신장의 효과도 함께 기대할 수 있다. 다음의 활동지는 학생들에게 제시할 예시 내용을 담은 것이다. 이렇게 구체적인 예시를 제시해주어야 학생들이 쉽게 생각의 문을 열 수 있다.

활동지 (기입 후 예시)

이름	3학년 ( )반 이름( )
지켜야 할 공중도덕	엘리베이터에서 내리는 층의 번호만 누릅니다.
공중도덕을 지켜야 하는 이유 찾기	» 엘리베이터의 고장을 줄일 수 있다. » 고장이 줄어들면 안전해진다. » 엘리베이터를 탈 때 불안한 마음을 가지지 않게 된다. » 엘리베이터를 고치기 위한 수리비가 절약된다. » 엘리베이터에 갇힌 사람을 구하기 위해 119가 출동하지 않아도 된다. » 119대원의 일이 줄어든다. » 119가 정말 필요한 곳에 더 빨리 출동할 수 있다. » 위급한 일이 생겼을 때 119의 도움을 빨리 받을 수 있다.
생각맞이 글쓰기	엘리베이터를 사용할 때는 내리는 층의 번호만 누릅니다. 이 공중도덕을 지키면 엘리베이터의 고장이 줄어듭니다. 따라서 엘리베이터를 탈 때 불안한 마음을 가지지 않아도 됩니다. 또한 119의 출동이 줄어들어 위급한 일이 생겼을 때 119의 도움을 빨리 받을 수 있습니다. 공중도덕을 지키면 우리가 안전하게 살 수 있습니다.

예시의 활동지에서 보듯 학생들이 공중도덕 하나를 지킴으로 많은 혜택을 얻게 된다는 것을 알게 한다. 또 그 혜택은 결국 자신에게 이르게 된다는 것도 발견하게 될 것이다. 그리고 자신의 생각을 글로 정리하면서 실천의지도 다지게 될 것이다.

공중도덕을 실천하기

다음은 공중도덕을 실천하는 장면을 그림으로 그리는 활동으로 이어진다. 학생들은 앞의 활동에서 지켜야 할 공중도덕 한 가지를 선택하였다. 그 내용을 그림으로 표현한다. 다음에 제시할 예시와 같이 그 내용을 두 장면으로 그리면 된다. 지켜야할 공중도덕과 그 공중도덕을 지킴으로써 얻게 되는 '공공의 이익'을 함께 그리는 것이다.

엘리베이터에서 내리는 층의 번호만 누릅니다

가장 쉬운 방법은 미술교과와 통합하여 학생들이 각 장면을 직접 그리는 것이다. 그림이 서툴러도 된다. 단 말주머니 모양은 인쇄하여 나누어

주고 그 안에 내용을 써서 붙이도록 한다. 두 번째 방법은 각 장면에 어울리는 그림을 인터넷을 통해 찾게 한 후 그 그림을 인쇄하여 그림 위에 말주머니를 붙여 합성된 장면을 만들게 하는 것이다. 세 번째 방법은 컴퓨터실에서 직접 그림을 찾고 합성하여 만드는 것이다. 그러나 이 경우에는 대상이 초등학교 3학년 학생이므로 컴퓨터 사용과 관련된 교사의 별도 지도가 필요하다. 네 번째 방법은 교사가 컴퓨터에서 기본 틀을 만들어 제공하고 관련 그림만 찾아 바꾸게 한 후 말주머니 내용만 쓰도록 하는 것이다. 이렇게 하면 언제든지 수정이 가능하므로 추후에 또 다른 수업에 활용할 수 있는 장점이 있다.

이렇게 학생들이 만든 각각의 장면을 묶으면 한 권의 책이 탄생된다. 공중도덕을 실천하는 모습이 현장감 있게 담기는 것이다. 학생들은 한 단원이 끝난 후 손에 쥔 자신들의 성과물을 통해 성취감을 얻게 될 것이다. 그리고 이러한 성취감은 또 다른 도전을 향해 나아가는데 큰 도움을 줄 것이다. 이렇게 얻어진 결과물은 당연히 평가와 연결된다. 이 수업과 관련된 평가과정은 7장에서 안내된다.

이 단원은 4차시의 수업을 하나의 생각맞이 주제로 설계하였다. 도덕 교과는 차시마다 생각맞이 주제를 설정하기보다 하나의 생각맞이 주제를 설정한 후 4차시가 하나의 이야기로 엮어지는 수업설계를 하기를 권한다. 그래야 깊이 있는 수업이 된다. 이와 같은 의도로 설계된 4차시 수업의 흐름은 다음과 같다.

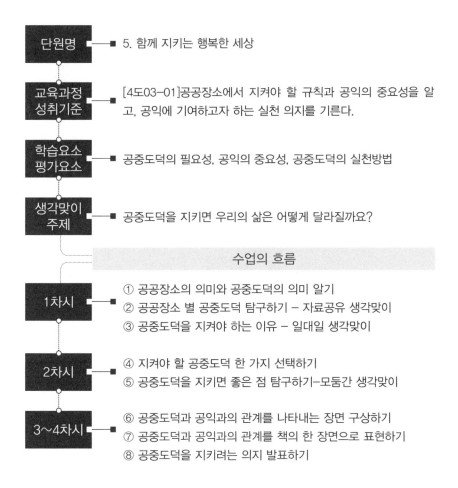

단원명	■ 5. 함께 지키는 행복한 세상
교육과정 성취기준	[4도03-01]공공장소에서 지켜야 할 규칙과 공익의 중요성을 알고, 공익에 기여하고자 하는 실천 의지를 기른다.
학습요소 평가요소	■ 공중도덕의 필요성, 공익의 중요성, 공중도덕의 실천방법
생각맞이 주제	■ 공중도덕을 지키면 우리의 삶은 어떻게 달라질까요?

수업의 흐름

1차시	① 공공장소의 의미와 공중도덕의 의미 알기 ② 공공장소 별 공중도덕 탐구하기 – 자료공유 생각맞이 ③ 공중도덕을 지켜야 하는 이유 – 일대일 생각맞이
2차시	④ 지켜야 할 공중도덕 한 가지 선택하기 ⑤ 공중도덕을 지키면 좋은 점 탐구하기-모둠간 생각맞이
3~4차시	⑥ 공중도덕과 공익과의 관계를 나타내는 장면 구상하기 ⑦ 공중도덕과 공익과의 관계를 책의 한 장면으로 표현하기 ⑧ 공중도덕을 지키려는 의지 발표하기

도덕교과의 학습목표는 대부분 가치 덕목의 개념알기와 실천하기로 진술된다. 그런데 이러한 학습목표는 학생들이 이미 알고 있는 정답인 경우가 많다. 따라서 생각맞이 주제는 가치 덕목을 실천함으로써 실현하고자하는 방향을 담았다. 따라서 본 단원에서는 '공중도덕을 지키면 우리의 삶은 어떻게 달라질까요?' 라고 정하였다.

생각맞이 국어수업
코칭

변예슬

01. **이정표가 된 일 년**
   선생님이 되었다
   학생중심 수업을 만나게 된 멘토링

02. **생각맞이 문학수업**
   교육과정 분석
   수업설계의 주안점
   수업의 실제

03. **항상 처음을 떠올리며**
04. **생각맞이 독서수업 (멘토의 글 ❸)**
   깊이 있는 수업을 만들기
   교육과정 분석
   1차시 작품을 읽으며 감상하기
   2차시 작품의 내용을 파악하며 감상하기
   3차시 감각적 표현 방법 찾아보며 감상하기
   4-5차시 작품을 분석하며 감상하기
   6차시 이어질 이야기를 상상하기
   7차시 작품에 공감하기
   8-10차시 자신의 이야기로 탄생시키기

01
이정표가 된
일 년

선생님이 되었다

부푼 기대를 안고 정식발령을 받은 3월, 행복할 것만 같았던 교직생활은 예상 밖이었다. 꽃샘추위 때문인지 출근길은 너무 춥고 정신적으로 계속 긴장했는지 퇴근 후에는 집에 가면 바로 잠들기 일쑤였다. 그렇게 피곤했던 3월이 끝나고 여름을 지나 어느새 쌀쌀한 가을이 되었다. 그동안 아이들 때문에 웃기도하고 울기도 했다. 업무를 잘한다고 칭찬을 받기도 했고 미숙함으로 실수를 저지르기도 했다. 또 학부모와 갈등하기도 했고 감동받기도 했다. 많은 감정이 오고갔던 내 생애 영원히 잊히지 않을 아이들과 함께 한 지난 7개월을 되돌아본다. 그리고 교사의 길을 걷기까지의 과정도 함께 떠올려 본다.

처음부터 교육대학을 진학하려했던 것은 아니었다. 교육대학 진학은 부모님 그리고 주변 어른들의 권유로 시작되었다. 그 권유대로 교육대학 생이 되었다. 진로선택에 대한 회의가 남아있던 대학시절, 교수님께 배우는 것이 실제 교단에서 얼마나 실제적인 도움이 될지 회의가 들었다. 교직에 큰 뜻이 없었기에 심지어 따분하고 지루하기 까지 했다. 이러한 생각이 바 뀌고 교사가 되면 좋겠다는 생각이 들었던 순간은 교육실습 기간이었다.

교육실습 기간 동안 만난 교사들과 아이들은 서로를 의지하면서 깊 은 관계를 유지하고 있었다. 그렇게 깊은 관계를 맺는 것은 교사의 의지 에 달려있다는 것도 알게 되었다. 교육실습학교에서 만난 지도교사들은 학생들이 소외되지 않고 서로를 존중하며 1년을 보낼 수 있도록, 개인차 없이 수업목표에 도달할 수 있도록, 생활지도와 학급경영은 어떻게 하면 좋을지 늘 고민하고 실천하던 교사들이었다. 교사들이 노력한 만큼 아이 들도 선생님에 대한 무한한 믿음과 존경을 보이는 것이 눈에 보였다. '나 도 아이들에게 저런 영향력을 주는 사람이 되고 싶다' 라는 생각이 들었고 그 기대가 교사의 길로 이끌었다.

임용고시를 합격하고 난 그 다음 해 2017년 3월, 정규교사로 발령을 받았다. 나의 첫 제자들은 10살짜리 초등학교 3학년 아이들이다. 보통 신규교사는 교과전담이나 고학년 담임을 맡게 되는데 3학년 아이들을 맡게 되었다는 소식을 들었을 때 안심이 되었고 기뻤다. 사춘기에 접어드 는 고학년 아이들과 유치원을 졸업한 지 얼마 되지 않은 저학년을 맡기엔 아직 경험과 연륜이 부족하다고 생각했기 때문이다. 개학 일주일 전 설레 는 마음을 안고 교실환경을 꾸미고 우리 반 아이들의 이름과 번호를 달

달 외웠다. 그리고 아이들과 만나게 된 첫 날, 교실 문을 열고 들어오는 아이들의 모습을 보았다. 씩씩하게 인사를 하고 들어오는 아이도 있었고, 긴장해서 들어오는 아이도 있었다. 하지만 모두 기대에 찬 초롱초롱한 눈빛으로 나를 쳐다보았다. 나의 허리쯤에 오는 키와 포동포동한 볼살들! 다 귀엽고 사랑스러웠다.

학생중심 수업을 만나게 된 멘토링

정식발령을 받고 한 달 뒤 신규교사들을 위한 멘토링에 참석하였다. 멘토링은 수석교사 한 분과 신규교사 5명이 팀을 이루어 학급경영, 수업방법 등 앞으로 교직생활에 필요한 것, 개인적인 어려움을 코칭과 상담을 받을 수 있는 제도이다.

이 멘토링에는 당연히 수업공개가 포함이 된다. 대부분의 수업공개는 일회성이며 전시성이 높은 것이 현실이다. 그런 수업공개라면 안하느니만 못하다고 생각하며 멘토링에 임했다. 하지만 우리 분과 멘토는 달랐다. 우리 분과에 속한 신규교사 다섯 명 모두 수업을 공개하길 원하였다. 그 대신 멘토와 같이 수업을 설계하고 수업도 같이 공개하는 방식의 수업나눔으로 진행한다고 했다. 내가 경험했던 수업공개 방식과는 너무 달라 처음에는 당황스러웠다. 먼저 멘토와 두 명의 멘티의 수업을 참관했다. 공개수업은 우려했던 것 보다 부담이 적었다. 멘토에게 배우는 것들은 유익하고 새로웠다. 그래서 더 배우고 싶었다.

멘토링 기간 동안 생각맞이 수업을 전수받게 되었다. 이 수업은 아이들이 허용받은 시간동안 자신의 생각을 자유롭게 나눌 수 있는 학생중심으로 이루어지는 수업이다. 사실 처음에는 하브루타와 비슷하다는 생각도 들었다. 그러나 생각맞이 수업은 대화 형식, 자신의 생각을 대화와 자료에 담는 방법, 활동형태를 구성하는 방법, 이러한 활동을 바람직한 방향으로 유도하는 여러 전략 등에서 크게 차별화 된 특징을 가지고 있었다. 이런 특별한 수업을 아이들과 하게 된다니 좋은 기회라고 생각했다. 그렇지만 아무리 좋은 수업방법이라도 우리 교육 현실에 맞추어 현장에 적용하는 것은 신규교사로서 엄두가 나지 않는 일이다. 따라서 그때까지 새로운 수업방법을 적용해 본 적이 없었다. 그런데 생각맞이 수업은 든든한 멘토가 존재했다. 그래서 자신감을 가지고 도전할 수 있었다.

아이들과 총 두 번에 걸쳐 생각맞이 수업을 해 보았다. 첫 번째 수업은 멘토링을 위한 공개수업에서 멘토의 도움을 받아 기초를 다졌고 두 번째 수업은 임상장학에 적용해 보았다. 임상장학 수업을 참관한 선배교사들이 생각맞이 수업이라는 이름은 들어보기는 했지만 실제 수업은 처음 본다며 좋은 수업을 보여주어 고맙다는 반응을 보였다. 그리고 당신도 생각맞이 수업을 적용해볼 것이라며 응원하였다. 이 수업방법을 다른 교사들에게 전파하여 배울 수 있도록 한 것이 뿌듯하고 보람찼다.

우리 반 아이들은 설명이나 말이 조금만 길어져도 집중력이 떨어지는 것이 눈에 보인다. 국어나 사회 수업을 특히 싫어했다. 이론이나 설명식 수업은 교사의 지식전달이 중요하므로 어쩔 수 없지만 아이들이 스스로 생각해야하는 과목조차 가르침 중심으로 이루어지니 그러했을 것이다. 또한 나는 수업시간에 아이들이 떠드는 것을 싫어했다. 수업내용과 상관

없는 대화를 하는 경우도 있겠지만 그렇지 않은 경우도 있었을텐데 무조건 잡담이라고 생각하고 아이들을 꾸짖었다.

생각맞이 수업을 배우는 과정에서 나의 수업이 교사중심으로 이루어져 왔다는 것을 발견하였다. 학생들이 능동적으로 수업에 참여하는 학생중심 수업이 이루어질 기본적인 분위기가 조성되지 못하였던 것이다. 그래서 더욱 생각맞이 수업을 나의 수업에 직접 적용해보고 싶다고 생각하게 되었다. 생각맞이 수업이 끝난 후 아이들에게 느낌을 물어보았다. 굉장히 재미있다고 했다. 교실활동이 짝 활동이나 모둠활동에 그쳤던 반면 많은 친구들을 만날 수 있고, 또 친구들의 다양한 생각을 들을 수 있었기 때문일 것이다.

02
생각맞이
문학수업

교육과정 분석

멘토링에서의 공개수업을 위해 생각맞이 수업을 적용할 수 있는 과목이 무엇일까 숙고하다 국어교과 중 문학영역을 공개하기로 결정했다. 대부분의 아이들은 이야기를 읽고 독후감은 많이 쓰지만 글의 내용에 대해 깊이 있는 생각을 나누는 경우가 드물다. 하지만 읽은 글에 대해 자신의 경험과 반응을 다른 사람과 나누는 활동은 감상의 폭을 넓게 할 뿐만 아니라 내가 생각하지 못했던 부분을 알아가는 재미가 더해진다. 이러한 이유로 문학을 생각맞이 수업의 첫 걸음으로 시작했다.

국어교과 '재미가 솔솔' 단원을 선택하였다. 그리고 '이야기를 읽고 가장 재미있는 장면이나 표현을 찾아 이야기 해 봅시다.'라는 배움 목표를 세우고 수업설계 초안을 작성하였다. 2015 교육과정의 '[4국05-05] 재미나 감동을 느끼며 작품을 즐겨 감상하는 태도를 지닌다.'라는 성취기준과 연결된다.

수업설계의 주안점

"학생들이 '재미있는 표현'이라는 의미를 단순하게 '웃기는 장면' 찾기에 그쳐 문학작품을 깊이 있게 느껴볼 수 없는 경우가 발생하면 어떻게 하죠?"

멘토가 던진 질문이었다. 학생들에게는 충분히 일어날 수 있는 상황이다. 멘토는 '가장 마음에 남는 문장'을 찾는 활동으로 바꿔 보는 것은 어떠하냐고 조심스럽게 물어왔다. 물론 가장 마음에 남는 문장 속에는 재미있는 장면도 포함 될 것이라고 했다. 내가 미처 생각하지 못한 부분이었다. 또한 학생들이 마음에 남는 문장으로 선택한 구체적인 이유도 생각해 볼 수 있어야 한다고 했다. 마음에 남는 문장으로 선택한 이유가 '비슷한 경험' 때문인지, '등장인물에 공감한 것'인지, 그 장면이 '재미가 있는 것'인지, '마음에 깊은 울림을 준 것'인지 구분하는 과정에서 학생들이 의미있는 문장을 찾으려는 노력을 한다는 것이다. 이는 아무 생각 없이 문장을 선택하는 학생들이 발생하지 않도록 방지하기 위한 방법이기도 하였다.

수업의 실제

가장 중요한 것은 실제 수업이다. 우리 반 아이들은 생각맞이 수업을 해 본적도 없으며 심지어 교사인 나도 어떻게 지도해야 하는지 막막하였다. 모둠활동만으로도 아수라장이 되는 아이들인데 몇 분마다 자리이동을 해야 하는 생각맞이 활동을 적용하는 것은 무리일 것 같았다. 하지만 멘토는 내가 수업하는 전 시간에 내가 수업해야 할 방식과 비슷하게 '아낌없이 주는 나무'라는 문학작품을 가지고 직접 시범을 보여주었다. '역시 수석교사님이시구나'라고 생각했다. 나도 생소했던 수업인데 22명의 아이들은 불과 십분도 되지 않은 시간동안 모두 이해했다.

아이들의 이해도가 높을 수밖에 없었던 멘토의 여러 교수법 중에서 가장 인상 깊었던 것은 기다림이었다. 멘토는 아이들이 스스로 이해할 수 있게 기다렸다. 어느 위치로 자리이동을 해야 하는지, 이해하지 못한 아이들은 어떻게 자리이동을 하는지를 관찰하고 본인이 이동해야 할 자리를 스스로 깨우칠 동안 조용히 기다려주었다. 아이들이 모둠활동을 할 때 난장판이 되는 것은 이런 기다림을 주지 않아서일까?

멘토가 같은 형식의 수업을 이미 진행했기 때문에 나의 공개수업은 전혀 부담이 되지 않았다. 또한 당황할 때마다 멘토가 직접 도와주었기에 더욱 그러하였다. 수업협의회에서 멘토는 처음 시도하는 것은 기다림과 함께 단계적인 익히기를 해야 한다고 했다. 무엇이든 처음 시도하는 것은 학생들과 호흡을 맞추어 한 단계씩 나아가야 했다. 많은 것을 한 번에 설명하고 아이들에게 시도할 경우 각 단계에서 교사가 미처 생각하지 못한 문제가 발생하기 쉽고 또 그것을 수정하기 어렵다고 한다. 또한 그 과정에서 문제를 바로잡기 위해 수업의 흐름이 중단되고 이어지는 교사의 훈계는 학생들의 수업흥미를 떨어뜨린다고 한다. 따라서 한 단계씩 같이 나아가야 하고 빠르게 익히는 학생이 다른 학생들을 이끌고 나아가도록 학급문화를 형성해 나가야 한다고 한다. 기다림과 단계적 접근을 통해 학생들도 무엇을 어떻게 해야 하는지를 스스로 일깨워 나가도록 하라는 것이다.

질문으로 수업 문 열기

수업을 위한 교재는 교과서에 제시된 '칠판에 나가기 싫어'라는 이야기이다. 다니엘 포세트의 글로 수학에 자신이 없는 주인공이 수학이 들어있는 목요일마다 배가 아픈 이야기로 글이 시작된다. 수학에 자신이 없는 주인공이 겪는 내면의 모습이 잘 나타나 있고 겁쟁이에서 탈출하게 되는 계기도 담겨있다. 학생들이 공감할 수 있는 배경과 또 교육적인 가치가 담긴 내용이다. 그러나 교과서의 내용이 비교적 길었기에 40분 수업에서 그 내용을 읽는 것 까지 하는 것은 무리였다. 따라서 교과서의 내용은 미리 함께 읽었다.

학생들과 함께 읽었던 '칠판에 나가기 싫어'의 내용을 요약하여 생각해보는 것으로 수업을 시작했다. 수업의 도입은 비교적 짧은 시간에 이루어지지만 내용중심으로 수업이 이루어지기에 시간을 많이 할애하더라도 충분히 학생들이 작품의 내용을 되돌아보는 것이 중요했다. 따라서 학생들이 작품의 내용을 쉽게 파악할 수 있도록 교과서의 그림과 핵심질문을 통해 이야기를 전개해 나갔다. 다음은 학생들에게 제시한 그림과 질문들이다. 학생들에게 질문에 대한 답변을 유도하면서 수업의 동기유발을 해나갔다. 마지막으로 이 작품의 내용이 끝난 이후의 상황을 상상하는 질문을 부여하며 학생들을 수업으로 이끌었다.

목요일에 나에게는 어떤
일이 일어납니까?

나의 고민은 무엇입니까?

선생님이 다가오시면 나는
어떻게 되었나요?

내 머리 속은 어떻게 되었
나요?

나는 어떤 기대를 하였습
니까?

새로 오신 선생님은 어떤
모습입니까?

나에게 어떤 일이 생겼습
니까?

손을 들고 칠판 앞으로 나
간 까닭은 무엇입니까?

친구들은 어떤 마음으로
나를 바라보고 있습니까?

부모님은 나에게 어떤 말
을 하십니까?

나는 어떻게 답변했습니까?
그 이유는 무엇입니까?

나는 앞으로 어떻게 될까요?

마음에 남는 다섯 문장 선택하기

첫 번째 활동으로 교과서에 제시된 내용 중에서 마음에 남는 다섯 문장을 찾아 줄을 긋도록 했다. 그런데 돌발 상황이 발생했다. 한 학생이 "선생님, 저는 이 내용 읽지 않았어요."라고 말하는 것이다. 그 학생은 조퇴를 하여 작품을 읽지 못한 학생이었다. '어떻게 하지? 이 글을 지금 읽으라고 하면 글이 길어 시간이 많이 걸리는데...' 난감하였다. 그 순간 멘토가 그 학생에게 다가갔다. "이 두 페이지만 읽고 그곳에서만 다섯 문장을 선택해도 된다."는 한 마디로 그 상황을 종결시켰다. 이런 것이 연륜일까?

이어서 선택한 다섯 문장을 중심으로 '일대일 생각맞이 대화'가 시작되었다. 생각맞이 대화를 돕기 위해 제시한 마중질문은 다음과 같다. 마중질문은 '말문열기'[1] 수준의 질문이지만 이러한 질문이 반복되는 과정을 통해 학생들은 대화의 방법을 체득하게 된다.

마중질문

줄 친 문장을 읽어 주시겠습니까?
그 문장이 마음에 남는 이유는 무엇입니까?
저도(는) 그 문장에서 (   ) 생각을 했습니다.

첫 번째 마중질문은 두 명의 짝이 함께 나눌 주제를 확인하게 하는 것이다. 두 번째 마중질문은 자신이 감동받은 부분을 구체화시키면서 작품

---

1) 말문열기의 방법은 함께 출간되는 '생각맞이 수업'에 자세하게 안내되어 있다.

의 내용을 감상하는 부분이다. 세 번째 마중질문은 상대방의 마음에 공감하거나 또는 전혀 다른 시각으로 바라보게 된 생각을 나누게 하는 질문이다.

자신이 선택한 다섯 개의 문장을 다섯 명의 짝을 만나면서 대화를 나누었다. 학생들은 서로 다른 문장을 만나게 될 것이다. 때로는 같은 문장을 만나기도 하지만 선택한 이유는 다를 것이다. 학생들이 대화를 나누는 동안 교사는 전체 학생들의 모습이 눈에 들어와야 한다는 멘토의 조언이 있었다. 도움이 필요한 학생을 찾아가 도움을 줄 수 있어야 하기 때문이다. 이 수업의 장점 중의 하나가 학생을 관찰할 시간이 많아진다는 것이다. 이는 교사의 도움이 필요한 상황을 쉽게 찾아낼 수 있고, 상황에 따른 적절한 맞춤형 피드백을 줄 기회를 더 많이 확보할 수 있음을 의미한다.

문장에 공감하기

일대일 생각맞이 대화를 마치고 모둠별활동으로 활동모형이 바뀌었다. 각 모둠원이 선택했던 5개의 문장 중에서 가장 마음에 남는 문장 하나를 선택하여 붙임쪽지에 기록한다. 그리고 이를 모둠활동판에 마인드맵의 소주제 자리에 붙인다. '마음에 남는 문장'이라는 큰 주제에 '학생이 선택한 마음에 남는 문장'이 소주제가 되어 마인드맵을 구성하는 것이다. 그리고 '자료공유 생각맞이' 활동이 수행된다. 각 모둠으로 이동하는 모둠활동판의 문장 밑에 학생들은 문장에서 받은 느낌을 써서 붙이도록 했다. 그런데 대부분의 학생들은 느낌을 적으라고 하면 '재미있다.'와 같이 단순한 감정의 느낌만을 기록한다. 그래서 친구가 선택한 문장에서

'생각하게 된 점'과 '문장에서 떠오른 질문'의 두 부분으로 나누어 제시하도록 했다. 자신의 느낌과 문장에서 떠오른 질문을 쓰게 함으로서 좀 더 깊이 있는 피드백을 친구에게 전달해 주도록 했다.

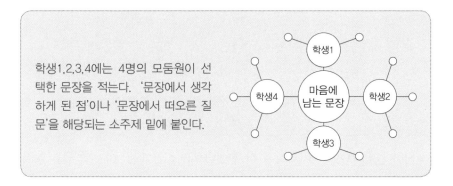

학생1,2,3,4에는 4명의 모둠원이 선택한 문장을 적는다. '문장에서 생각하게 된 점'이나 '문장에서 떠오른 질문'을 해당되는 소주제 밑에 붙인다.

생각나누기

모둠활동판이 한 바퀴를 돌아 본인에게 되돌아오면 자신이 기록한 문장 밑에 친구들이 기록한 붙임쪽지가 붙어있다. 그 붙임쪽지 안에는 교사가 줄 수 있는 것보다 더 풍요로운 피드백과 질문이 담겨있다. 친구가 기록한 질문 중 한 개를 선택하여 발표하면서 모든 학생들과 공유하는 시간을 가진다. 그러나 시간이 부족하다면 모든 학생이 다 발표하지 않아도 된다. 이미 자료공유 생각맞이 활동을 하면서 다른 친구들의 기록한 내용을 읽을 수 있었기 때문이다. 한편 붙임쪽지를 가장 많이 받은 문장을 찾아보는 것도 의미있다. 학생들이 가장 공감을 많이 한 문장이므로 그 문장을 중심으로 생각나누기를 진행해도 된다.

03
항상 처음을
떠올리며

    지난 1년은 많은 것을 배울 수 있었던 시간이었다. 특히 멘토링을 통해 많은 것을 배웠다. 그리고 가장 중요한 것은 이렇게 열정적으로 보낸 기간이 내 기억에서 절대 잊혀지지 않을 것이라는 점이다. 후에 내가 어느 정도 경력과 연륜이 쌓였을 때, '이 정도면 다 배웠어!' 라고 느껴질 때, 아이들에게 소홀해질 때, 교직생활 첫 일 년을 떠올려볼 것이다. 그때 내가 있는 이 자리가 얼마나 감사하고 내 앞에 있는 아이들이 얼마나 소중한지 다시 생각해볼 수 있을 것이다.

    특히 수업 후 멘토와 수업에 대해 이야기를 나누고 솔직하게 피드백을 받는 과정이 좋았다. 좋은 수업은 함께 나눌 수 있고, 부족한 부분을 보충할 수 있었기 때문이다. 또한 멘토는 신규교사들끼리 친해질 수 있는 자리도 마련해주었다. 같은 날 같은 교육청에 발령을 받은 동료교사들과 대화하면서 정보공유도 하고, 고민이 있으면 서로 함께 나누었다. 든든한 아군을 만난 것 같았다.

이 일 년은 내가 어느 방향으로 나아갈지 알려주는 이정표 같은 해이다. 아직 내 앞에 나아갈 길과 선택할 수 있는 길들이 많이 남았지만 그 길들은 오로지 아이들을 위한 길일 것이다. 앞으로 이 초심을 잊지 않고 오로지 아이들만 생각하며 한걸음 한걸음씩 느리더라도 성실히 나아가야겠다.

04
생각맞이
독서수업

깊이 있는 수업 만들기

변예슬 교사는 언제나 미소 띤 차분한 모습이다. 동화나 동시에 담긴 해맑은 동심을 떠오르게 한다. 그래서 문학수업을 공개하겠다고 했을 때, 교사와 닮은 수업을 선택했다고 느꼈다. 독서교육이 교육과정 안으로 들어오게 되면서 독서교육에 대한 관심이 높아졌다. 그래서 '문학수업'은 더 깊이 있는 독서교육에 대해 고민하게 했다. 조용하고 낮은 목소리의 주인공이 이렇게 어려운 문학수업을 어떻게 이끌어 나갈지 걱정되었다. 그런데 실제 수업 속에서는 씩씩한 목소리로 본인이 빠져드는 듯 몰입하면서 수업을 이끌어 나갔다. 학생들과 하나가 되어 문학수업을 펼치는 모습이 아름다웠다. 또한 학생들이 생각의 세계로 빠질 수 있는 수업을 만들기 위해 노력하는 모습을 보며 깊이 있는 수업을 만들어 나가는 교사가 되리라는 믿음을 가지게 되었다.

이 수업을 준비하면서 독서수업으로 확대하고픈 욕구가 생겼다. 최근의 독서수업의 경향은 '한 학기 한 권 읽기'와 같은 슬로우 리딩이다. 이러한 흐름에 맞도록 여러 차시 동안 한 작품을 통해 교육과정에서 요구하는 성취기준을 달성하는 수업을 만들어보고 싶었다. 멘토링이 끝나자바로 이러한 수업을 설계하였다.

교육과정 분석

'칠판에 나가기 싫어'는 2009 교육과정에 따라 3학년 교과서에 실린작품이다. 이 작품이 실린 단원은 총 11차시의 수업으로 진행되도록 구성되어 있고 단원명은 '재미가 솔솔'이다. 교과서에는 다음과 같이 6개의작품이 제시되어 있다.

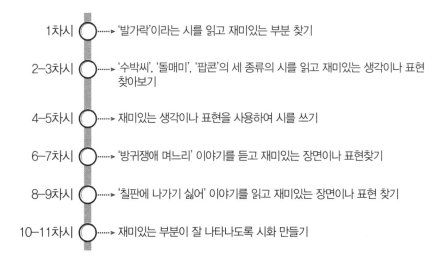

1차시 ······▶ '발가락'이라는 시를 읽고 재미있는 부분 찾기

2–3차시 ······▶ '수박씨', '돌매미', '팝콘'의 세 종류의 시를 읽고 재미있는 생각이나 표현 찾아보기

4–5차시 ······▶ 재미있는 생각이나 표현을 사용하여 시를 쓰기

6–7차시 ······▶ '방귀쟁애 며느리' 이야기를 듣고 재미있는 장면이나 표현찾기

8–9차시 ······▶ '칠판에 나가기 싫어' 이야기를 읽고 재미있는 장면이나 표현 찾기

10–11차시 ······▶ 재미있는 부분이 잘 나타나도록 시화 만들기

다양한 작품을 감상하는 단원이다. 그러나 교과서는 자료이므로 6편의 작품을 모두 다루어야 하는 것은 아니다. 따라서 '칠판에 나가기 싫어'라는 한 편의 작품으로 이 단원에서 달성하고자 하는 성취기준[2]에 도달할 수 있도록 10차시 수업으로 재구성하여 보았다. 그리고 '칠판에 나가기 싫어'라는 짧은 이야기 한편으로 '한 학기 한 권 읽기'의 취지를 살리는 '프로젝트형' 수업을 설계하였다. '프로젝트'가 아닌 '프로젝트형'이라 칭하는 이유는 기존의 프로젝트라는 정형화된 틀에 얽매이지 않고 프로젝트의 교육적 의미만을 담고 싶기 때문이다. 이러한 의도를 가지고 다음과 같은 흐름으로 수업을 설계하였다.

1차시 ○······▶ 작품을 읽으면서 감상하기

2차시 ○······▶ 작품의 내용을 파악하며 감상하기

3차시 ○······▶ 작품 속 감각적 표현을 찾아보며 감상하기

4–5차시 ○······▶ 작품을 분석하면서 감상하기

6차시 ○······▶ 작품에 이어질 이야기 상상하기

7차시 ○······▶ 작품의 주인공에 공감하기

8–10차시 ○······▶ 작품 속 주인공이 되어보기

---

2)이 책 134페이지에 제시함.

작품을 온전히 이해하기 위해서는 작품을 반복해서 읽어야 한다. 따라서 작품을 읽는 것으로 수업을 시작한다. 그러나 혼자서 반복하여 읽는 것은 쉽지 않다. 또한 반복해서 읽더라도 깊이 있게 내용을 파악해 가며 읽을 수 있는 학생은 매우 소수일 것이다. '생각맞이 책읽기'[3]는 질문을 마음에 품으며 반복하여 읽게 한다. 그 가운데 책에 몰입하게 된다. 따라서 생각맞이 책읽기로 수업의 문을 열어본다.

생각맞이 책읽기

생각맞이 책읽기는 두 명의 짝이 한 그룹이 되어 책을 읽는 것이다. 한 사람은 문장을 읽고 한 사람은 질문을 한다. 물론 그 질문은 어떤 것이든 수용한다. 그냥 떠오르는 질문을 말하면 된다. 그 질문에 답은 찾지 않는다. '한 문장읽기 – 질문하기 – 다음 문장읽기 – 질문하기'를 하면서 작품 전체를 읽는 것이다. 한 명은 소리를 내어 책을 읽으며 상대방의 질문을 맞아들인다. 또 다른 한 명은 상대방의 책 읽는 소리에 자신의 질문을 더하며 작품에 몰입한다. 이 과정에 '침묵'의 시간이 존재한다. 즉 질문이 나오기까지 시간이 걸리기도 하는 것이다. 책을 읽어가는 시간이 길어짐에 따라 침묵의 시간이 줄어든다면 그 학생은 작품의 세계로 빠져 들어가고 있는 것이다. 질문은 단순히 읽은 문장에서만 나오는 것이 아

---

3) 생각맞이 책읽기 방법은 '생각맞이 수업' 3장에 자세히 소개되어 있다.

나라 읽은 내용 전체와 연결된 의문으로 부터 생기기 때문이다. 책을 읽어 갈수록 쌓인 내용이 많아지므로 의문도 많아진다. 끝까지 읽은 후 역할 을 바꾸어 다시 한 번 읽는다. 여러 번 읽을 필요가 있다면 짝을 바꾸어 다시 읽을 수 있다.

생각맞이 책읽기의 기본원칙은 문장을 읽는 학생과 질문을 하는 학생 의 역할이 한 페이지 마다 바뀌는 것이다. 그러나 단편과 같이 짧은 이야 기일 경우에는 한 작품을 다 읽은 후 역할을 바꾸어 다시 한 번 읽는 것 을 권한다. 문장을 읽는 학생과 질문하는 학생이 바뀌는 과정에서 생각의 흐름이 끊어지고 깊이 있는 사색이 방해 받을 수 있기 때문이다.

그런데 이 생각맞이 책읽기가 의문문 만들기에 그칠 수도 있다. 이를 방지하는 가장 쉽고 효과적인 방법은 문장의 맨 앞에 '왜'라는 낱말을 넣지 않도록 하는 것이다. 다음 예시를 참고하면 이해가 쉬울 것이다.

문장   오늘은 목요일, 나는 배가 아프다.

질문   왜 배가 아플까?

        → 목요일에만 배가 아픈 것일까?

문장   어머니께서는 초콜릿을 너무 많이 먹었기 때문이라고 말씀하신다.

질문   왜 초콜릿을 너무 많이 먹은 것일까?

        → 초콜릿을 얼마나 많이 먹어야 배가 아픈 것일까?

문장   하지만 초콜릿을 많이 먹는다고 꼭 목요일에 배가 아프다는
        것은 말이 안 된다.

질문	왜 목요일에만 배가 아픈 것일까?
	→ 목요일에만 배가 아픈 이유는 무엇일까?
문장	아버지께서는 내가 게을러서 학교에 안가고 집에서 놀고 싶어서 핑계를 댄다고 생각하신다.
질문	왜 부모님은 핑계를 댄다고 생각할까?
	→ 주인공은 학교를 가지 않은 날이 많을 것일까?
문장	물론 나는 씩씩해지고 싶다.
질문	왜 씩씩하고 싶은 것일까?
	→ 어떤 부분에서 씩씩해 지고 싶은 것일까?
문장	하지만 내 배는 씩씩하지가 않다.
질문	왜 배가 씩씩하지 않을까?
	→ 배가 씩씩하지 않다는 말은 무슨 뜻일까?

학생들은 이런 방법으로 책을 읽는 것을 신선하고 재미있게 받아들이며 깊이 몰입한다. 또 이 '생각맞이 책읽기'를 통해서 질문하는 방법을 익히고 질문을 즉시 던지는 훈련도 할 수 있다. '생각맞이 책읽기'에서는 질문에 대한 답을 찾지 않는다. 대화 시 질문이 오갈 수 있도록 익히는 과정으로 적용하는 것이 좋다. 내용을 파악하기 위해 텍스트 읽기를 할 때가 있다. 이때 '생각맞이 책읽기' 방법을 사용하면 하면 매우 효과적이다. 문장 속에서 꺼내어 만든 질문을 마음에 담아가며 읽기 때문에 내용을 깊이 있게 이해할 수 있다.

질문만들기

학생들은 혼자서 책을 다시 읽으면서 생각맞이 책읽기 때에 던져졌던 질문을 떠올리는 시간을 갖는다. 그리고 마음에 남는 질문을 적는다. 새로이 궁금해지는 것이 생기면 이것도 질문으로 만든다. 이 과정에서 작품의 내용을 깊이 있게 이해하게 된다. 질문을 만드는 과정도 간단한 지도가 필요하다. 텍스트 중심의 질문만들기를 시도해 보면 학생들은 쉽게 만들 수 있는 의문문만을 선택하는 것을 발견하게 된다. 처음에는 이러한 시작도 무방하다. 그렇지만 차츰 본인의 의문이 담긴 질문을 던질 수 있게 해주어야 한다. 이를 위해서는 위의 생각맞이 책읽기에서 제시한 방법과 같은 별도의 지도가 필요하다.

생각나누기

학생들이 만든 질문은 다양하다. 이 질문들을 함께 나누어 보는 시간을 가져보는 것도 작품을 깊이 이해하는 데 도움이 된다. 이 과정은 일대일 생각맞이 활동으로 진행할 수도 있고 전체 활동으로 진행할 수도 있다. 전체 활동인 경우에는 학생 전체가 돌아가면서 질문을 하나씩 발표하도록 한다. 물론 앞서 발표한 질문을 제외한 다른 질문을 발표해야 한다. 전체 학생의 발표가 모두 끝나면 추가적인 질문을 할 사람만 발표하도록 한다. 아직 발표되지 않은 좋은 질문이 남아있기 때문이다.

이때 질문에 대한 답변을 학생들 한 두 명이 발표하며 진행해도 된다. 그러나 질문에 답변하는 과정을 생략한 채 질문만을 나누는 수업도 의미가 있다. 작품을 이해하는 것은 독자의 몫이다. 그런데 질문에 답을 하는 순간 답변에 생각이 가두어지고 자유로운 상상이 멈추어버릴 수 있기 때문이다. 발표된 질문 중에서 자신이 더 생각해보고 싶은 질문은 추가해서 기록하도록 한다. 그리고 이 질문들에 대한 답변은 각자 생각해보도록 한다. 즉 자신만의 감상의 세계에 빠지게 하는 것이다.

2차시 작품의 내용을 파악하며 감상하기

2차시 수업은 앞에서 변예슬교사가 소개한 수업대로 진행하면 된다.

3차시 작품 속 감각적 표현을 찾아보며 감상하기

감각적 표현은 대부분 '시'를 통해 배운다. 주로 의성어와 의태어, 또는 비유적으로 표현되는 감각적 표현은 시에서 표현하기 쉽기 때문이다. 그러나 인물의 감정과 행동을 감각적 표현으로 나타내는 것은 인물의 성격을 좀 더 깊게 이해할 수 있게 된다. 따라서 작품 속에서 감각적 표현이 된 곳을 찾아보는 것과 인물들의 감정이나 행동을 그에 적당한 감각적 표현으로 나타내 보는 활동을 한다.

이 활동은 혼자하기보다 '일대일 생각맞이'를 하면서 둘이 함께 해 나가는 것이 효과적이다. 교과서에는 8페이지에 걸쳐 작품이 실려 있다. 따라서 두 페이지마다 짝을 바꾸면서 4명의 친구들과 함께 활동하는 것이다. 이 활동이 끝나면 생각을 나누는 시간을 갖는다. 학생들이 찾은 표현을 돌아가며 발표한다. 다른 학생이 발표한 내용을 자신의 교과서에

추가 기록하며 활동을 마무리해나간다.

이때 '꾸미는 말'과 '감각적 표현'의 혼동을 바로잡아야 한다. 가끔은 '꾸미는 말'을 감각적 표현으로 착각하는 학생들도 있을 것이다. 이러한 오류를 생각나누기를 통해 수정해나간다. 다음은 감각적 표현을 넣는 방법의 예시이다. 줄친 부분은 작품 속에 있는 표현을 찾은 것이고 (   )속의 표현은 학생들이 직접 써 넣는 것이다.

> 고개를 (기린처럼)들지 말아야 한다. 바로 내 앞자리가 폴린느이다. 나는 폴린느의 등을 뚫어져라 쳐다본다. 폴린느의 스웨터에 구멍이 (뻥뻥)안 나는 게 다행이다. 가슴이 두근두근……. 선생님께서 내 쪽으로 (성큼성큼)다가오신다. 내 귀는 빨간 신호등처럼 (활활)달아오른다. 선생님께서 꼭 내 책상 옆에서 (우뚝)멈추실 것만 같다. 휴유. 다행이 그냥 지나가셨다.

1차시 수업은 책을 읽으면서 학생들이 각자 작품의 내용을 이해한다. 2차시는 마음에 남는 문장을 찾으며 작품 속으로 한 발짝 더 다가간다. 3차시는 감각적 표현을 찾으며 인물의 감정에 다가가며 작품 속으로 들어간다. 다음은 작품을 깊게 분석해보는 활동으로 이어간다.

4-5차시 작품을 분석하며 감상하기

이야기에서 발생한 일의 시간과 장소를 '배경', 발생한 어떤 일을 '사건', 이야기 속 사건을 겪은 사람이나 사물을 '인물'이라고 한다. 이 세 가지는 이야기를 구성하는 요소가 되며 서로 얽히면서 스토리를 만들어간다. 따라서 작품을 이해하기 위해서는 배경, 사건, 인물을 분석하는 활동도 중요하다.

먼저 배경을 나타내는 단어나 문장을 찾는다. 그리고 인물의 말과 행동을 작품 속에서 찾아 줄을 긋는다. 줄친 인물의 말과 행동에서 인물의 성격을 알아본다. 인물의 성격과 이야기 속 사건의 전개는 관계가 깊다. 따라서 인물의 성격에 연관되어 발생하는 사건도 찾는다. 이를 통해 주인공의 성격이 사건과 관련이 있으면서 작품의 스토리를 이끌어 간다는 것을 깨닫게 하는 것이다.

그 다음은 작가의 의도를 파악하는 생각나누기 단계로 넘어간다. 사건을 함께 찾으며 작가가 이 작품을 통해 전하고 싶은 메시지를 생각해 보는 것이다. 이 작품에는 주인공이 수줍음을 스스로 극복해가는 과정과 타인에 대한 따뜻한 마음이 담겨있다. 다음과 같은 질문에 대한 답변을 통해 작가의 의도를 생각해 보도록 한다.

1. 주제가 담긴 문장은 어느 것이라고 생각합니까?
2. 그 문장 속에 주제가 담겼다고 생각한 이유는 무엇입니까?
3. 작가가 그 문장을 통해 하고 싶은 말은 무엇일까요?
4. 작가에게 묻고 싶은 질문이 있습니까?

작가의 의도를 작품 속 문장에서 찾아보는 활동을 할 수도 있다. 그리고 작가의 의도가 담긴 문장을 중심으로 '생각맞이 글쓰기'를 한다. 주어진 질문의 순서로 답변의 글을 쓴다면 나름대로 짜임새가 있는 글이 써질 것이다.

6차시 작품에 이어질 이야기를 상상하기

이 작품은 주인공이 수줍음을 극복하는 계기가 되는 사건을 자기만의 비밀로 간직하면서 끝난다. 그 후 주인공이 어떻게 변하게 될지 궁금해진다. 따라서 이어질 이야기를 상상하기에 적당하다. 2차시에서 제시한 작품 속 삽화 11장면을 학생들에게 제시하고 그 다음 장면을 상상하여 보도록 한다. 이때 이 과정을 '모둠간 생각맞이' 활동을 통해 상상의 세계를 마음껏 공유하게 할 수 있다. 그리고 이어질 이야기를 네 장면 정도의 만화나 글쓰기로 나타내도록 한다. 이 단계에서는 학생들이 각자의 능력에 맞도록 분량을 조정할 수 있도록 한다. 그리고 학생들의 상상력을 모두 허용하되 교육적으로 문제가 될 거친 내용을 담는 학생이 있다면 이를 수정하도록 이끌어야 한다. 때로는 폭력성이 있는 내용으로 전개하는 학생도 있기 때문이다.

7차시 작품의 주인공에 공감하기

이 작품은 주인공의 수줍음을 극복하는 과정이 담긴 내용이다. 인간은 누구나 자신감이 없는 영역이 있을 것이다. 따라서 그 영역을 밖으로 꺼내보는 활동을 하는 단계이다. 먼저 자신이 하기 싫었던 것들을 모두 기록한다. 그 중에서 자신이 극복하고 싶은 영역 한 가지를 선택하도록 한다. 그리고 그것을 시를 통해 표현하도록 하기 위해 다음과 같은 '생각의 뼈대'를 제공한다.

이 뼈대를 중심으로 5연으로 구성되는 시를 쓰도록 한다. 시의 제목은 이 작품의 제목과 같이 '( ) 싫어'로 정한다. 이때 앞에서 배운 감각적 표현이 3번 이상 들어가야 한다는 조건을 제시하는 것도 필요하다. 이렇게 만들어진 시를 '일대일 생각맞이' 활동을 다음과 같이 대화를 통해 나눈다. 매우 단순한 대화라도 예시 속의 마중질문이 학생들의 대화를 의미있는 활동이 되게 한다.

마중질문

당신이 만든 시를 읽어주시겠습니까?
( ) 부분을 칭찬해 주고 싶습니다. 그 이유는( )

이 활동을 통해 학생들은 친구의 시를 들으며 문제를 극복하는 법을 생각해보게 된다. 또 자신의 시를 좀 더 깊이 감상하게 되고 친구의 칭찬과 격려를 받게 된다. 활동이 끝난 후 시를 수정할 시간을 주어도 된다.

언어는 때로는 사람의 정신세계를 지배한다. '칠판에 나가기 싫어'라는 제목은 작품에 담긴 내용과 달리 부정적인 장면을 연상시킨다. 따라서 제목에서 연상될 부정적인 잠재의식을 긍정적으로 바꾸어줄 활동으로 수업을 마무리할 수 있도록 설계한다.

이 활동을 '책만들기'로 진행하며 학생들이 만들 책의 제목은 '( ) 할 수 있어.'로 정한다. 작품 속 이야기를 자신의 이야기로 승화시키는 창작활동으로 들어가는 것이다. 사람들은 '창의성'의 의미를 '무'에서 '유'를 만드는 것이라고 생각하는 경우가 많다. 그러나 '창의성'은 어느 날 갑자기 하늘에서 뚝 떨어지는 것이 아니다. 때로는 모방을 통해서 새로운 것이 나오기도 한다. 창작활동 역시 학생들에게 주제만 던져줄 경우 제대로 된 작품이 나오지 않는다. 따라서 본 활동에 필요한 자료는 2차시에 적용했던 질문이 담긴 그림삽화와 7차시에 만든 동시가 필요하다. 삽화와 동시를 같이 놓고 이야기를 만들어 보는 것이다.

먼저 작은 종이카드를 20장정도 학생들에게 각각 나누어준다. 이면지를 8등분으로 잘라서 사용해도 된다. 각 종이에 한 장면의 이야기를 쓰도록 한다. 한 종이에 한 장면만 쓸 수 있는 크기의 종이를 사용하는 이유는 나중에 이야기의 순서를 바꾸거나 부분적으로 장면을 빼거나 수정할 때 학생들이 부담없이 작업할 수 있기 때문이다. 이때 2차시에 제시한 삽화 속의 질문을 다음과 같이 바꾸어 제시하면 학생들은 더 쉽게 창작활동을 할 수 있다.

나의 고민은 무엇입니까?

이 고민으로 나에게는 어떤 일이 일어납니까?

내 머리 속(생각)은 어떻게 되었나요?

나는 어떤 기대를 합니까?

나에게 어떤 일이 생겼습니까?

나는 어떻게 변했습니까?

사람들은 어떤 마음으로 나를 바라보고 있습니까?

나는 무엇을 할 수 있게 되었습니까?

내 머리 속(생각)은 어떻게 바뀌었습니까?

나는 앞으로 어떻게 될까요?

이러한 순서로 7차시에서 지은 시를 바탕으로 스토리보드를 만든다. 10개의 질문이 주어졌으므로 최소한 10장면의 이야기가 만들어질 수 있다. 스토리보드가 완성되면 '모둠간 생각맞이'나 '일대일 생각맞이' 활동을 하면서 친구들의 아이디어를 받아들이는 활동을 한다. 자신이 만든 이야기를 들려주고 친구들의 의견을 듣는다. 이 과정을 통해 좀 더 의미 있는 이야기로 재탄생 시킬 수 있는 피드백을 받는 것이다. 제자리로 돌아온 후 처음 만든 이야기를 수정하는 작업을 한다. 이때 학생들에게 3장면 이상을 추가하라는 조건을 제시하여야 한다. 수정하는 수고를 하지 않으려는 학생들이 있기 때문이다. 수정된 내용을 미니북에 옮겨 개인의 이야기책으로 만든다. 이렇게 만들어진 이야기를 학생 전체가 읽은 수 있는 공유 방법 또한 수업설계에 포함시켜야 한다.

설계된 수업을 통해 달성할 수 있는 교육과정 성취기준과 이 수업의 흐름을 다음과 같이 제시한다. 이 수업의 평가 방법은 7장에서 소개한다.

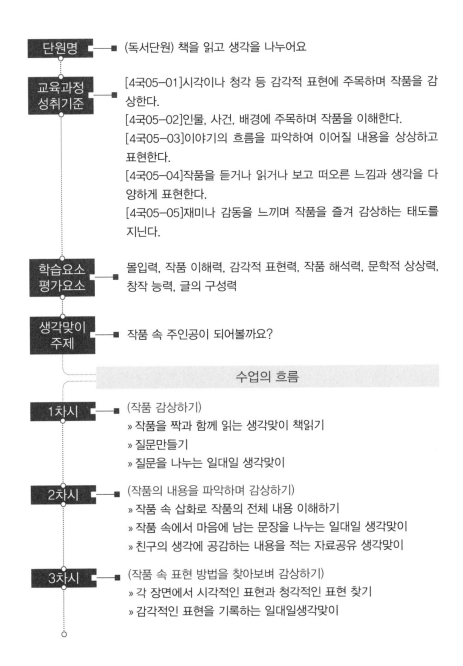

| 단원명 | (독서단원) 책을 읽고 생각을 나누어요 |

교육과정 성취기준
[4국05-01]시각이나 청각 등 감각적 표현에 주목하며 작품을 감상한다.
[4국05-02]인물, 사건, 배경에 주목하며 작품을 이해한다.
[4국05-03]이야기의 흐름을 파악하여 이어질 내용을 상상하고 표현한다.
[4국05-04]작품을 듣거나 읽거나 보고 떠오른 느낌과 생각을 다양하게 표현한다.
[4국05-05]재미나 감동을 느끼며 작품을 즐겨 감상하는 태도를 지닌다.

학습요소 평가요소
몰입력, 작품 이해력, 감각적 표현력, 작품 해석력, 문학적 상상력, 창작 능력, 글의 구성력

생각맞이 주제
작품 속 주인공이 되어볼까요?

수업의 흐름

1차시
(작품 감상하기)
» 작품을 짝과 함께 읽는 생각맞이 책읽기
» 질문만들기
» 질문을 나누는 일대일 생각맞이

2차시
(작품의 내용을 파악하며 감상하기)
» 작품 속 삽화로 작품의 전체 내용 이해하기
» 작품 속에서 마음에 남는 문장을 나누는 일대일 생각맞이
» 친구의 생각에 공감하는 내용을 적는 자료공유 생각맞이

3차시
(작품 속 표현 방법을 찾아보며 감상하기)
» 각 장면에서 시각적인 표현과 청각적인 표현 찾기
» 감각적인 표현을 기록하는 일대일생각맞이

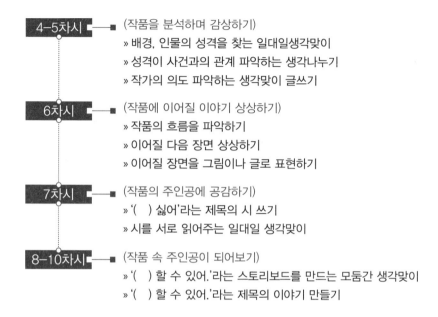

4-5차시 ━■ (작품을 분석하며 감상하기)

» 배경, 인물의 성격을 찾는 일대일생각맞이

» 성격이 사건과의 관계 파악하는 생각나누기

» 작가의 의도 파악하는 생각맞이 글쓰기

6차시 ━■ (작품에 이어질 이야기 상상하기)

» 작품의 흐름을 파악하기

» 이어질 다음 장면 상상하기

» 이어질 장면을 그림이나 글로 표현하기

7차시 ━■ (작품의 주인공에 공감하기)

» '( ) 싫어'라는 제목의 시 쓰기

» 시를 서로 읽어주는 일대일 생각맞이

8-10차시 ━■ (작품 속 주인공이 되어보기)

» '( ) 할 수 있어.'라는 스토리보드를 만드는 모둠간 생각맞이

» '( ) 할 수 있어.'라는 제목의 이야기 만들기

　　작품에 따라 교사가 학생들에게 전달하고픈 메시지가 있을 것이다. 이 작품은 '자신감을 회복'하는 교훈적인 내용이 담겨있다. 따라서 학생들이 주인공에 공감하면서 작품을 이해하고 나아가 주인공처럼 자신의 문제를 극복할 수 있기를 바라며 생각맞이 주제를 '작품 속 주인공이 되어 볼까요?'로 정하였다. 이 작품은 진로교육이나 인성교육과 통합한 수업으로 좀 더 확장해서 설계할 수도 있다.

슬로우 리딩과 한 학기 한 권 읽기

슬로우 리딩(slow reading)은 한 작품의 내용을 천천히 깊게 읽으며 책의 즐거움에 빠지는 것이다. 책읽기는 대체로 천천히 음미하며 읽는 것이 바람직하지만 읽는 사람의 목적과 책의 성격에 따라 빨리 읽는 것이 좋은 경우도 있다. 속도의 문제는 방법론에 지나지 않는다. 자신의 목적과 책의 성격에 맞게 느리게 혹은 빠르게 읽으면 된다. '온 작품 읽기'와 '한 학기 한 권 읽기'는 모두 슬로우 리딩에 해당한다. 슬로우 리딩의 방법은 형식에 얽매이기보다 목적에 따라 다양하게 운영할 수 있을 것이다. 그러나 정규 교과시간에 이를 진행할 경우 이에 따른 수업설계도 함께 이루어지는 것이 바람직하다고 필자는 생각한다. 모든 학생들이 깊이 있게 책을 대할 수 있는 능력이 있는 것은 아니기 때문이다.

'한 학기 한 권 읽기'가 교육과정 안으로 들어왔다. 교과서로 공부할 때는 지면의 제약으로 내용의 일부분만 제시되어 작품에 담긴 가치가 훼손되는 경우가 많았다. 이를 바로잡기 위한 시도이다. 이는 양적 독서교육에서 질적 독서교육으로의 전환을 의미한다. 작품을 분해하지 않고 책 한권을 긴 호흡으로 읽으면서 독서능력과 국어과 핵심역량을 키우는 것이 '한 학기 한 권 읽기'의 취지일 것이다. 따라서 한 학기 한 권 읽기는 작품에 따른 수업의 방향과 모형을 교사가 직접 디자인하는 것이 필요하다.

2015 교육과정에 따른 국어 교과서의 맨 앞에 '책을 읽고 생각을 나누어요.'라는 독서 단원이 제시되어 있다. 이 독서 단원은 3~4학년군에서는 '생각과 느낌 나누기' 활동이 5~6학년군에서는 '주제 토론'이 중심활동이 된다. 한 작품으로 8~10차시 이상의 독서수업을 권하고 있다. 그동안 짧은 이야기 중심의 수업을 진행하였던 교사들에게는 부담이 될 수도 있다. 따라서 슬로우 리딩을 처음 시도할 때 단편처럼 분량이 적은 작품을 선택하는 것이 좋다. 교과서에 전체 내용이 실린 작품이 있다면 교과서에 실린 작품을 선택하는 것도 '한 학기 한권 읽기'에 쉽게 다가갈 수 있는 방법이다. 독서교육을 위해 주어지는 시간에 비하여 두꺼운 책이 선택이 될 경우 '한 학기 한 권 읽기'가 '한 학기 한 권만 읽기'로 전락될 수도 있기 때문이다. 그리고 두꺼운 책을 선택할 경우에는 창의적 체험활동이나 다른 교과와 통합하여 여유있는 시간을 확보해야 내실있는 독서교육이 이루어질 것이다.

생각맞이 과학수업 코칭

5장

고민복

01. 주입식 시험이 뽑은 교사가 창의성 교육을 하다
    교사가 꿈이었어요
    교사가 되기까지
    멘토와의 만남
02. 생각맞이 수업을 적용하다
    과학 수업을 정복해보자
    수업의 주안점
    수업의 실제
03. 나만의 수업방법을 욕심내며
04. 과학 수업을 고민하다 (멘토의 글 ❹)
    최선을 다하며
    원리와 개념에 충실한 수업
    어떤 내용을 먼저 배워야 할까?

01
주입식 시험이 뽑은 교사가
창의성 교육을 하다

교사가 꿈이었어요

대부분의 교육대학 학생들은 진학 이유를 묻는 질문에 "저는 교사가 꿈이었어요."라고 대답한다. 나 역시 그 시절에는 분위기상 그들과 똑같이 대답할 수밖에 없었다. 그러나 학창시절 '교사'라는 직업을 선호하지 않았다. 교사의 이름을 함부로 부르는 학생들, 교사를 무시하는 학생들, 교사를 헐뜯으며 평가하는 학생들 사이에서 학창시절을 보냈다. 그런 대우를 받는 교직을 직업으로 선택하고 싶지 않았다. 또한 그 시절 나의 눈에 비친 학교의 모습은 정글과도 같았다. 자신들의 말을 들어줄 것 같은 기가 약한 선생님에겐 함부로 행동을 하고 기가 센 선생님들에겐 꼼짝 못하는 학생들의 모습에 질렸었다. 학생들과의 기 싸움에서 진 선생님들의 힘들어하시는 모습도 교직을 선호할 수 없게 하였다.

이런 내가 교육대학으로 진학할 꿈을 가지게 된 건 정말 사소한 계기였다. 재수생 시절 옆에 앉은 친구가 본인의 꿈에 대해 이야기했다. 자신은 어린 아이들이나 누군가를 가르치는 것을 좋아하기에 교육대학에 진학하고 싶다고 했다. 그 친구의 미래 이야기를 들으며 신기하게 나의 마음속에도 교사의 꿈이 함께 자리 잡았다. 시간이 지날수록 교사가 되고 싶은 이유는 점점 늘어만 갔다. 무엇보다 보람을 얻을 수 있는 직업이라는 점이 너무나 좋았다. 또한 나는 아이들을 좋아하기도 했다. 나의 이런 변화에 부모님조차도 어리둥절하셨다. 교육대학 합격이라는 결과를 확인하였을 땐 말로 표현할 수 없을 정도로 행복했었다.

교사가 되기까지

대학생활은 상상했던 기대와는 사뭇 달랐지만 여러 가지 대외활동과 교내 동아리활동을 하며 즐겁게 시간을 보냈다. 특히 다섯 번의 교육실습에서는 학기 수업보다도 더 열심히 참여하며 하루빨리 교사가 되기를 희망하였다. 그리고 교사가 되기 위한 임용고시를 준비하게 되었다. 임용고시 준비는 적당히 공부를 하면 되지 않을까라고 생각하며 만만하게 보았었다. 그러나 이러한 나의 예상은 완전히 빗나갔다. '총론, 지총, 지도서'의 내용을 달달 외워야 했다. 교사는 학생의 창의성을 키우는 교육을 해야 한다고 강조하지만 정작 교사를 뽑는 시험은 주입식 교육의 경연이었다. 과연 지금 내가 하고 있는 이 행동이 훌륭한 교사가 되는 것에 밑거름이 될 수 있을까하는 회의감이 계속 맴돌았다. 하지만 그 시험을 통과하지 못하면 교사가 될 수 없으니 그냥 기계적으로 암기를 해야만 했다.

힘들었던 임용시험을 무사히 통과하고 발령이 나기까지 일 년이 넘는 시간이 걸렸다. 그 기간 동안 여러 학교에서 기간제 교사를 했다. 첫 학교가 가장 힘들었다. 3학년 교과전담을 담당했는데 유독 한 학급과 호흡이 맞지 않았다. 아직 2학년에서 벗어나지 못한 애기 같은 학생들은 조금만 쓴 소리를 해도 기분이 상해 튀는 행동을 하였다. 교실을 기어 다니는 아이, 책상 밑에 들어가는 아이, 더구나 그런 아이들이 소수가 아니었기에 그 반 수업이 끝날 때는 힘이 들어 울기도 하였다. 더 힘들었던 것은 그 아이들이 담임교사 수업시간에는 그런 행동을 보이지 않는다는 것이었다. 과연 내가 교사가 될 자격이 있는지 회의감이 들었다. 심지어 그런 마음을 가지게 하는 그 아이들이 너무나 밉고 원망스럽기도 했다.

기간제 교사의 마지막 날, 다른 반 아이들과는 부둥켜안고 울었지만 그 반 아이들과는 별다른 감정 없이 헤어졌다. 그 뒤 몇 차례 기간제 교사를 거치면서 그때 그 시간이 떠오를 때마다 미안함이 밀려왔다. 현장을 처음 경험했기에 아이들에게 다가가고 생활지도하는 면이 참 서툴렀다는 생각이 들었기 때문이다. 그렇지만 지금도 그 학급을 지도할 자신은 없다.

멘토와의 만남

학교현장은 대학교에서 배웠던 것, 교육실습에서 경험했던 것과 사뭇 달랐다. 교육실습 기간 동안 수업이 수월했던 것은 담임교사의 피땀 어린 지도가 있었기 때문이었다. 아직 1년차도 안된 햇병아리지만 이 짧은 기간 동안 깨달은 것은 수업기술이 가장 중요한 것만은 아니라는 것이다.

아이들의 생활습관, 기본 학습습관 등이 갖추어지지 않으면 아무리 화려한 수업기술이나 자료를 투입하더라도 그 효과는 나오지 않는다. 처음 수업을 하면서 아이들의 수업태도를 좋은 쪽으로 이끌 수 있는 방법이 떠오르지 않아서 너무 힘들었다. 지금 나는 선배교사들에게서 얻은 조언을 길잡이 삼아 이 시기를 돌파해 나아가고 있다. 특히 북부교육지원청에서 실시한 수석교사와 함께 하는 신규교사 멘토링은 큰 힘이 되었다.

수석교사-신규교사 멘토링을 위한 결연식에는 막연하게 무언가를 배우겠다는 생각으로 참석했다. 그 생각은 멘토를 만나고 부끄러워졌다. 우리 분과 멘토 수석교사는 교육의 변화를 위한 비전을 가지고 있었고 신규교사에 대한 열정이 넘쳤다. 멘토링의 방향과 수업 나눔의 계획을 들으며 나 자신이 작아지는 느낌이 들었다.

멘토의 수업이 가장 먼저 공개되었다. 그리고 협의회가 이어졌다. 각자의 어려움을 토하면서 나만 힘든 것이 아니라는 생각에 위안을 받았다. 특히 생활지도에 관한 어려움에 대해 멘토로 부터 다양한 조언을 들었다. 어긋나게 행동을 하는 아이에겐 계속된 질책은 효과가 없으므로 오히려 그 학생의 장점을 찾는 노력이 필요하며 칭찬으로 훈육하려는 방법도 찾아야 한다고 했다. 시간에 쫓기거나 교사가 답답하더라도 해결책을 제시해주기 보다 학생에게 생각할 시간을 주고 기다리라고 했다. 그 기다림을 견디어 낼 수 있는 힘을 가지는 것이 교사에게는 꼭 필요하다고 했다. 당연한 해결책 같지만 좀 더 구체적이었다. 교사가 활용할 수 있는 상벌제도와 규칙제도에 대한 조언은 서툴렀던 생활지도에 크나큰 도움이 되었다.

우리 분과는 모두 수업공개를 해야 했다. 비록 같은 처지의 신규교사 대상이지만 처음 보는 교사 앞에서 수업을 공개해야 한다는 것은 부담이 되었다. 그러나 그 부담은 첫 멘티의 수업을 보며 줄어들었다. 5교시와 6교시로 진행되는 공개수업에서 첫 시간은 멘토가 다음 시간은 멘티가 수업을 공개했다. 공개수업을 위한 교수·학습과정안 설계도 멘토가 거의 함께 해주어 수업공개에 대한 부담이 많이 줄었다.

멘토의 수업설계의 주안점은 '교사가 쉬어야 한다.'는 것이었다. 이 문장만 보면 교사는 그냥 쉬기만 하느냐는 반문이 들 수도 있겠지만 다른 말로 표현하면 학생들이 스스로 활동하며 배움이 일어나도록 해야 한다는 것이다. 그리고 이를 실현하기 위해 생각맞이 수업을 적용한 새로운 수업을 시도해보는 것이었다. 이 수업의 핵심은 학생들이 과제를 해결하기 위해 계속 생각하게 만드는 것이었다. 교사가 주가 되어 가르치는 수업은 결국 시간이 지나면 아이의 머릿속에 남지 않지만 이렇게 아이들 스스로 질문하고 대답하고 생각하는 수업은 머릿속에 길게 남을 것 같았다.

02
생각맞이 수업을
적용하다

과학수업을 정복해보자

수업공개 날짜가 다가오면서 과목 선정에 많은 고민을 하였다. 생각맞이 수업을 과학수업에도 적용할 수 있을지 고민이 되었다. 개인적인 욕심으로는 과학에서도 이 수업방법을 적용하여 새로운 방향을 잡고 싶었다. 멘토는 과학에도 적용할 수 있다며 북돋워주었다.

수업공개로 6학년 '전기의 작용' 단원을 선택하였다. 교육과정의 성취기준은 '6102. 전구의 연결 방법에 따른 밝기를 비교하여 설명할 수 있다.'이다. 2015 교육과정의 성취기준에서는 '[6과13-02]전구를 직렬연결할 때와 병렬연결 할 때 전구의 밝기 차이를 비교할 수 있다.'로 제시되어 있다.

수업의 주안점

수업설계의 첫 번째 주안점은 전 차시에 배운 '전지의 연결방법'과 본 차시의 '전구의 연결방법'을 학생들이 혼동하지 않으면서 차이를 이해하도록 하는 것이었다. 두 번째 주안점은 생활과 연결되는 탐구가 일어날 수 있는 상황을 제시하는 것이다. 그러나 배운 지식을 실생활과 연관짓는 수업을 설계하는 것은 쉽지 않았다. 건전지를 넣어 사용하는 주변의 물건은 대부분 전지의 직렬연결이며 빛을 밝히는 전구는 대부분 병렬로 연결되어있다. 이러한 전지의 직렬연결과 전구의 병렬연결 사례는 일상생활에서 쉽게 찾을 수 있었다. 그렇지만 이러한 사례는 학생들의 탐구를 자극하기에는 너무나 단순했다.

멘토는 교실 천장의 형광등과 스위치 연결 배선도를 그려보는 활동을 제안했다. 일반적으로 교실은 4개의 스위치와 두 개가 한 쌍으로 이루어진 12쌍의 형광등이 있다. 그리고 천장 속에는 눈으로 볼 수 없는 전선이 연결되어 있다. 그리고 전원을 차단하는 차단기는 교실 밖에 있다. 직렬연결과 병렬연결을 동시에 생각하게 할 수 있는 사례이다. 또한 학생들이 매일 사용하고 바라보는 사물들이니 과학적 호기심과 탐구심을 자극할 수 있을 것 같았다.

수업공개는 좀 더 심도 있는 수업이 되도록 하기 위해 연차시의 블록수업으로 설계하여 5교시는 멘토가 6교시는 멘티인 내가 중심이 되어 함께 공개하는 방식으로 결정하였다. 멘토와 협력하여 수업한 나의 공개수업은 다음과 같이 설계되었다.

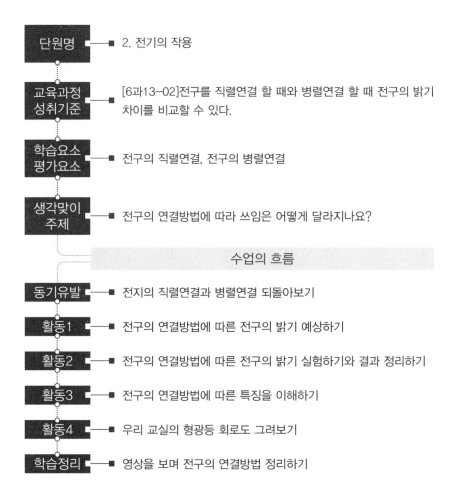

단원명	2. 전기의 작용
교육과정 성취기준	[6과13-02]전구를 직렬연결 할 때와 병렬연결 할 때 전구의 밝기 차이를 비교할 수 있다.
학습요소 평가요소	전구의 직렬연결, 전구의 병렬연결
생각맞이 주제	전구의 연결방법에 따라 쓰임은 어떻게 달라지나요?

수업의 흐름

동기유발	전지의 직렬연결과 병렬연결 되돌아보기
활동1	전구의 연결방법에 따른 전구의 밝기 예상하기
활동2	전구의 연결방법에 따른 전구의 밝기 실험하기와 결과 정리하기
활동3	전구의 연결방법에 따른 특징을 이해하기
활동4	우리 교실의 형광등 회로도 그려보기
학습정리	영상을 보며 전구의 연결방법 정리하기

수업의 실제

동기유발에 비교적 긴 시간을 할애하였다. 전지의 연결방법과 그에 따른 특징을 확인하는 전 차시 학습을 되돌아보는 내용이었지만 본 차시의 주요학습 내용과 연결되기 때문이다. 전지를 직렬연결로 하였을 시 전지 수에 따라 전구의 밝기가 밝아진다는 것, 병렬연결 한 전지의 개수는 전구의 밝기에 영향을 미치지 않는다는 것, 전지의 직렬연결은 전기가 흐르는 길이 하나이지만 병렬연결은 전지의 개수만큼 전기가 흐르는 길이 별도로 만들어진다는 원리를 다시 한 번 떠올리게 했다.

활동 1 전구의 연결방법에 따른 빛의 밝기를 예상하기

교과서에 제시된 회로도를 보면서 '전구의 연결방법'에 따른 전구의 밝기를 예상하는 활동이다. 교과서에는 다음과 같은 4개의 회로도가 제시되어 있다.

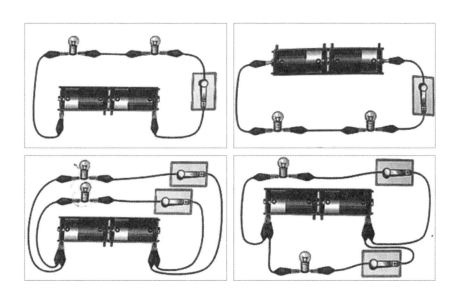

과학실험은 실험결과를 확인하는 것 못지않게 실험결과를 예상해 보는 과정이 중요하다. 실험결과의 예상은 실험에 대한 관심을 가질 수 있게 하며 실험방법도 자연스럽게 익히게 해준다. 나아가 논리적으로 원리를 추론해 나가는 과정 속에 '생각 훈련'을 시킬 수 있다. 그러나 대부분 수업 시간의 제약으로 인해 이 부분이 소홀히 다루어지고 있음이 안타깝다는 멘토의 의견이 있었다.

이번 수업공개는 실험결과를 예상하는 활동을 충분히 하기 위해 학생들의 대화로 이루어지는 '일대일 생각맞이'를 적용하였다. 수업은 시간의 제한하에 이루어지기 때문에 쉽게 대화의 문을 열어주기 위한 질문을 사전에 교사가 설계하여 제시해야 할 필요성이 있다. 이때 대화를 쉽게 시작할 수 있도록 하기 위해 교사가 사전에 설계하여 제시하는 질문이 마중질문이다. 마중질문은 학생의 수준을 고려하여 그 수준을 결정해야 하며 상, 중, 하에 해당하는 수준의 질문이 고르게 포함되어야 한다. 본 수업에서는 처음 이 수업을 경험하는 학생들과의 수업이므로 '실험결과를 예상하는 질문'과 '예상한 이유'를 묻는 정도의 일대일 생각맞이가 진행되었다. 그러나 실험 전에 다음에 제시하는 내용의 마중질문으로 대화를 나눈다면 좀 더 의미있는 수업으로 이끌어 갈 수 있다고 한다.

멘토는 시간이 충분하다면 일대일 생각맞이 대화를 하기 전에 회로도에서 발견한 것이나 궁금한 것을 질문으로 만드는 활동을 먼저 했으면 더 좋았을 것이라고 아쉬워했다. 질문만들기를 통해 원리와 관련된 의문을 품을 수 있기 때문이다. 따라서 실험결과를 예상하는 단계에서 학생들에게 질문을 만들어 보게 하면 더 좋은 효과를 얻을 수 있다. 또한 학생들이 만든 질문을 마중질문으로 사용할 수도 있다.

마중질문

4개의 회로도는 어떤 공통점이 있습니까?

4개의 회로도는 어떤 차이점이 있습니까?

이 실험을 하는 목적은 무엇입니까?

실험 시 주의해야 할 점은 무엇입니까?

전구의 밝기가 밝은 순서대로 말하여봅시다. 그렇게 생각한 이유는 무엇입니까?

전구의 밝기가 같은 것끼리의 공통점은 무엇입니까?

활동 2 실험하고 결과를 기록하기

실험을 하고 그 결과를 기록하는 단계이다. 이 활동은 모둠별로 하도록 했다. 실험도구는 한꺼번에 제공하여 그 중에서 학생들이 스스로 선택해서 조립하는 것이 원칙이다. 그러나 공개수업은 시간이 제한된 관계로 한 세트씩 투명주머니에 넣어 제공하였다. 각 세트의 실험도구를 선택하는 시간을 줄이고 조립을 용이하게 할 수 있도록 하기 위함이었다. 실험 중에 실험도구가 작동이 안되는 오류를 피하기 위해 사전에 점검을 위한 예비실험도 했다. 이러한 사전점검에도 불구하고 한 모둠에서 전구의 불이 들어오지 않는 상황이 발생하였다. 그 모둠에 제공되었던 실험재료들 중 낡은 스위치와 전구가 있었던 것이다. 신속하게 추가적인 도움을 주어 학습목표에 도달하도록 해주었으나 정상적인 실험도구를 제공해 주지 못하여 미안하였다. 또한 예상했던 실험결과가 도출되지 않을 경우 그 상황 속에서 재빨리 수업설계를 변경할 수 있어야 한다. 이를 위해서는 치밀한 수업준비가 중요하다는 멘토의 조언도 있었다.

활동 3 전구의 연결방법에 따른 특징 알기

활동2의 실험결과를 다른 학생들과 나누면서 '전구의 연결방법에 따른 특징'을 이해하는 과정이다. 이때 학생들은 '전지의 연결방법에 따른 특징'과 혼동하기 쉽다. 전지의 직렬연결에 따른 빛의 세기와 전지의 소모 시간에 대해서는 학생들은 쉽게 이해한다. 그러나 전구의 연결에서는 달라졌다. 갑자기 어려워하는 것이다. 이때 협력 멘토가 이 부분을 '저수지와 논'의 그림을 칠판에 그려가며 다음과 같이 설명해 학생들의 이해를 이끌어 내었다.

"논에는 물이 꼭 필요합니다. 그 논에 물을 공급하기 위해 저수지에 물을 저장해둡니다. 일정한 양의 물이 저수지에 있습니다. 두 개의 논에 물을 흘려보내야 합니다. 두 개의 논에 물이 흘러가는 물길을 각 각 내주는 것이 좋을까요? 아니면 물길을 하나로 만드는 것이 좋을까요? 물론 이 물길의 크기는 같습니다."

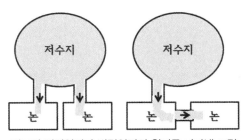

전구의 직렬연결과 병렬연결의 원리를 나타낸 그림

150

머릿속이 잠깐 복잡해졌다. 학생들의 생각도 제각각이었을 것이다. 그러나 조금만 생각해보면 두 개의 논에 각각의 물길을 내주어야 한다는 답과 그 이유를 스스로 찾게 된다. 물길이 하나인 경우는 앞의 논의 물이 채워지면서 다음 논으로 물이 흘러들어가기 때문에 먼저 물을 받는 쪽이 유리하다. 그리고 물길이 막히면 두 개의 논에 모두 물이 흐르지 못한다. 전구의 직렬연결과 병렬의 원리가 쉽게 이해된다.

"저수지에 물길을 2개 내어 각각의 논에 물을 흘려보내는 경우와 물길 하나로 2개의 논에 흘러 보내는 경우 어느 쪽의 논이 물을 더 잘 받을 수 있을까요?"

당연히 물길이 2개인 쪽이다. 즉 전구의 병렬연결의 전구가 더 밝은 이유를 설명하는 것이다.

"저수지에 물길을 2개 내어 각각의 논에 물을 흘려보내는 곳과 물길이 하나로 2개의 논에 흘려보내는 경우 어느 저수지의 물이 빨리 없어질까요?"

당연히 2개의 물길을 내는 곳의 저수지 물이 빨리 빠진다. 즉 전구를 병렬로 연결하는 곳의 전지 소모가 빠른 것이다.

"물길이 하나인 것이 전구의 직렬연결이고 물길이 두 개인 것이 전구의 병렬연결입니다."

학생들의 헝클어진 머릿속이 깨끗해지지 않았을까? 그런데 이러한 원리와 개념은 교사가 설명하기보다는 학생들이 직접 그림으로 나타내보도록 해야 한다고 한다. 그림으로 표현하려면 원리와 개념을 완전히 이해해야 가능하기 때문에 과학수업의 기초를 탄탄하게 하는데 꼭 필요할 것 같았다. 만약 이 내용을 학생들에게 그림으로 나타내도록 하면 학생들은 무엇을 그렸을까?

활동 4   생활 속 과학

전구의 직렬연결과 병렬연결을 생활과 연결시키는 단계로서 본 수업의 가장 핵심이 되는 활동이다. 교실의 '형광등과 스위치' 그림이 그려진 모둠활동판을 제공했다. 모둠활동판에는 뒷면에 종이자석을 붙인 종이로 인쇄한 '형광등 모형'과 색을 다르게 한 4개의 '스위치 모형'을 제공하였다. 스위치는 색이 서로 다르게 제시하고 각각의 스위치에서 연결되는 전선을 스위치와 같은 색으로 그리도록 하였다. 모둠활동판은 화이트보드판을 활용하여 필요할 시 언제든지 수정할 수 있도록 하였다. 다음은 학생들에게 제시한 모둠활동판의 그림과 학생들이 회로도를 그린 모둠활동판의 사진이다.

각 모둠에서 두 개의 활동판을 완성하게 했다. 그리고 '모둠간 생각맞이' 활동이 이어졌다. 한 모둠을 두 조로 나누어 한 조는 활동판 한 개를 가지고 모둠간 이동을 하고 다른 한 조는 원래의 모둠에 남아있도록 한다. 그리고 다른 모둠에서 이동해 오는 활동판과 만난다. 서로의 모둠활동판의 회로도에 차이가 있는지 비교한 후 각각의 회로도의 원리를 설명하고 들으면서 전구, 전선, 스위치들의 연결원리를 반복하여 생각하게 하는 것이다. 학생들이 배운 내용을 바탕으로 잘 할 것이라 믿으면서도 내심 불안하였다. 그러나 자신들이 생각한 바를 설명하는 학생들을 보면서 안도하였다. 모둠간 생각맞이 활동이 모두 끝나고 원래 자리로 돌아오면 모둠활동판을 수정할 기회를 준다. 이 모둠활동판을 평가와 연결시킬 수도 있다.

다음은 학생들에게 제시한 모둠활동판의 그림과 학생들이 회로도를 그린 모둠활동판의 사진이다.

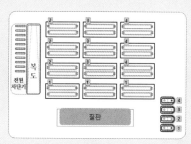 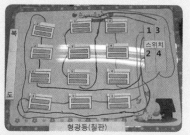

1. 같은 번호의 등은 하나의 스위치에 연결되어 있다.
2. 같은 번호의 등은 하나의 전구가 불이 들어오지 않아도 다른 전구에 영향을 미치지 않는다.
3. 계단의 차단기를 내리면 모든 전구에 불이 들어오지 않는다.

03
나만의 수업방법을
욕심내며

수업이 끝난 후 당연한 것들을 다시 한 번 되새겼다. 실험도구는 전날 반드시 직접 확인하고 여유분을 준비할 것, 일상생활과 연결된 과학수업을 구안하는 것, 학생들이 생각을 충분히 나눌 수 있는 활동을 적용하는 것들 등이다. 그리고 교육과정을 재구성하기 위해서는 시간적 노력이 필요한데 시간을 단축시키면서도 이를 용이하게 하기 위한 방법도 찾아 나가야 할 것이라는 점도 마음에 새겼다.

여러 교사들 앞에서 한 첫 공개수업이었고 처음 적용하는 생각맞이 수업이라 수업시간 내내 긴장을 하였지만 제법 만족스럽게 끝났다. 앞으로 이 수업을 더 적용시켜 나가야겠다고 마음먹었다. 또 이 수업방법을 나만의 과학수업 방법으로 재탄생시킬 수 있다면 다른 수업설계 모형을 만들어 낼 수 있을 것이라는 욕심도 생겼다. 그러나 아직 모든 과목 모든 시간에 생각맞이 수업을 적용할 수 없음은 안타까웠다.

04
과학수업을
고민하다

최선을 다하며

고민복 교사는 멘토링을 위한 수업공개가 있을 때마다 항상 가장 먼저 와서 참관했다. 다른 멘티들은 담임을 맡아 학생들을 하교시키고 와야 했지만 고민복 교사는 교과를 담당했기에 상대적으로 시간적인 여유가 있기 때문일 수도 있다. 그러나 오랜 경험을 통해 그러한 이유만으로 일찍 오지 않는다는 것을 알고 있다. 수업설계에 관심이 많고 배우고자 하는 의욕이 넘치는 교사임이 틀림없었다. 과학수업 공개를 같이 준비하면서 이를 확인할 수 있었다. 새로운 시도를 두려워하지 않는 용기, 새로운 수업에 대한 관심, 수업성장의 의욕, 그리고 수업준비에 최선을 다하는 모습을 보며 흐뭇했다. 새로운 수업을 향한 호기심이 그를 수업전문가로 이끌 것이다.

원리와 개념에 충실한 수업

과학수업은 실험을 많이 하는 교과이기에 초등학교에서는 학생들에게 인기가 많은 과목이다. 그러나 교사에게는 실험준비, 사전실험 등으로 수업을 위한 연구가 많이 요구되고 수업시간이 부족해서 허덕이게 되는 교과이기도 하다. 따라서 실험을 통해 원리와 개념을 깨닫게 하기 보다는 빨리 실험하고 결과를 정리하는 수업에 머무르기도 한다. 그래서 기본원리나 개념을 충실히 다루지 못하는 아쉬움이 뒤따른다. 또한 과학적 탐구능력을 길러주는 방법에 대한 고민도 항상 하게 된다. 이러한 과학수업에서의 고민을 멘티들과 함께 나누었다.

한 방송사에서 '수업을 바꿔라'[1]는 프로그램이 방영되었다. 방영된 내용 중에 '핀란드 9학년 물리수업' 이야기가 등장한다. 학생들은 전지, 전선, 꼬마전구로 불을 켜고 있었다. 그리고 학생들이 그 내용을 칠판에 나와 그림으로 그린다. 교사는 잘못그린 부분을 수정하면서 어느 부분이 잘못되었는지 설명한다. 우리의 초등학교에서 배우는 수준의 내용이다. 방송에서도 '우리의 과학수업이 너무 어려운 것인가?'라는 질문이 나온다. 이 활동 후 수업은 전류계의 원리로 전환된다. '전구의 불을 켜는 힘'과 '전류계의 바늘을 움직이는 힘'이 같다는 원리를 연결시켜 준다. 초등학교에서 배운 내용을 떠올리게 하며 기초개념을 튼튼히 하는 것에 중점을 두는 과학수업을 하는 것이다.

---

1) 2017 tvN 방영 프로그램

| 초등학교에서 배운 실험을 다시 하며 그 원리를 모형으로 그려본다. | 학생들이 그린 내용 중에서 교사가 오류를 수정한다. | 9학년 물리 수업 전류계와 연결시킨다. | 초등과학 → 중등과학의 원리를 토대로 실험을 한다. |

원리와 개념에 충실한 과학수업을 설계하기 위해서는 서로 연관되는 교육과정을 먼저 살펴보고 분석을 해야 할 것이다. 공개한 수업과 관련된 성취기준을 2015 교육과정에서 찾아보았다. 우리의 교육과정에도 중학교 3학년에서 '전류', 그리고 저항의 직렬연결과 병렬연결도 배우도록 되어 있었다. 그리고 고등학교 과정에서 '전류에 의한 자기작용'으로 연결된다.

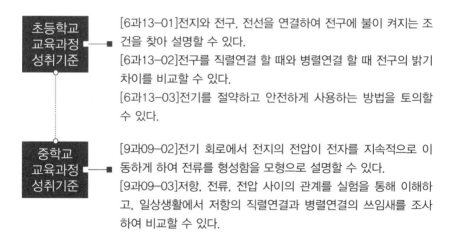

| 초등학교 교육과정 성취기준 | [6과13-01]전지와 전구, 전선을 연결하여 전구에 불이 켜지는 조건을 찾아 설명할 수 있다.
[6과13-02]전구를 직렬연결 할 때와 병렬연결 할 때 전구의 밝기 차이를 비교할 수 있다.
[6과13-03]전기를 절약하고 안전하게 사용하는 방법을 토의할 수 있다. |
| 중학교 교육과정 성취기준 | [9과09-02]전기 회로에서 전지의 전압이 전자를 지속적으로 이동하게 하여 전류를 형성함을 모형으로 설명할 수 있다.
[9과09-03]저항, 전류, 전압 사이의 관계를 실험을 통해 이해하고, 일상생활에서 저항의 직렬연결과 병렬연결의 쓰임새를 조사하여 비교할 수 있다. |

근대 물리학의 아버지 뉴턴의 '사과는 왜 땅으로 떨어질까? 사과는 떨어지는데 달은 왜 떨어지지 않을까?'라는 의문에서 만유인력 법칙이 탄생

했다고 한다. '과연 그 에피소드가 사실일까?' 하는 점은 중요하지 않다. 알고 있는 학문적인 지식 위에 다음 단계의 지적인 의문이 쌓이고 또 다른 의문으로 연결될 때 깊이 있는 생각으로 빠지게 된다는 교훈이 중요하다. 우리의 교실에서도 현재 알고 있는 과학적인 지식들이 다음 단계의 지식을 만났을 때 새로운 의문을 잉태하기 위해서는 개념과 원리를 충분히 인식시키는 수업설계가 필요하다. 핀란드 물리수업은 이러한 과학수업을 모색하기 위한 힌트가 되었다.

어떤 내용을 먼저 배워야 할까?

이런 질문을 던져본다. "우리 몸의 구조와 기능과 식물의 구조와 기능 중 어느 쪽을 먼저 배워야 할까요?" 저경력 교사 수업컨설팅에서 경험한 이야기를 소개하고 싶기 때문에 던지는 질문이다. '식물의 구조와 기능' 중의 한 차시 수업을 코칭 하던 중 저경력 교사로 부터 다음과 같은 경험을 들었다.

"식물의 증산작용을 설명하는데 어려웠어요. 식물의 증산작용과 사람의 소변배출과는 원리나 기능이 일치하지는 않지만 사람들이 소변으로 물을 내보내 듯 식물도 물을 밖으로 방출한다고 인체와 연결하여 설명을 하다 보니 인체의 구조와 기능에 대해서는 아직 학생들이 배우지 않았어요. 우리 몸을 먼저 배웠다면 우리 몸과 연결하여 식물의 기능을 이해하는 것이 훨씬 쉬울 것 같아요."

2009 교육과정에 따른 교과서에는 '식물의 구조와 기능'은 5학년 1학기에, '우리 몸의 구조와 기능'은 5학년 2학기에 배우도록 되어있다. '인체의 구조와 기능'이 '식물의 구조와 기능'보다 훨씬 복잡하기 때문에 식물의 구조와 기능을 먼저 배우도록 했으리라. 그런데 우리 몸에서 일어나는 일에 학생들은 더 쉽게 다가갈 수도 있을 것이다. 그렇다면 학생들에게 어떤 것을 먼저 배우게 하면 좋을까? 복잡한 것은 모두 어려운 것일까? 어느 쪽을 먼저 배우는 것이 낫다고 쉽게 대답할 수 없다. 바라보는 관점에 따라 답변이 달라질 것이다. 그러나 과학의 단계적 위계성에 대해 우리가 생각해 볼 문제이다.

생각맞이 인성수업 코칭

6장

김정경

01. **마법 같은 멘토링**
　　학생에서 선생님으로
　　아름다운 내 목소리 어디로 갔을까?
　　멘토링을 만나다
　　마법 같은 멘토링

02. **생각맞이를 적용한 학교폭력 예방교육**
　　수업 주제
　　수업 코칭에 따른 수업관점의 변화
　　수업의 실제

03. **국어공부를 정말 열심히 했구나**

04. **수업과 함께 하는 인성교육 (멘토의 글 ❺)**
　　학생과 하나가 되어
　　역할이 다른 선언문 만들기
　　이런 상황에는 어떻게 대처해야 할까?

01
마법 같은
멘토링

학생에서 선생님으로

지금으로부터 6년 전 고등학교 3학년 여름, 교육대학에 지원서를 제출했다. 성적에 맞추어 냈던 지원서였다. 그 당시 나에게 있어 초등학교 교사란 일반적인 사람들이 갖고 있는 '여자에게 최고의 직업'이라고 인식되는 존재일 뿐 그 이상도 그 이하도 아니었다. 합격의 기쁨 속에 교육대학에 입학하게 되었다. 그때는 20살이 되고 대학생이 되었다는 설렘만 가득했고 교직에 대한 진지한 생각은 전혀 해보지 않았던 것 같다. 그렇게 대학생활이 흘러가면서 맞이한 첫 교육실습에 이르러서야 교사로서의 나의 미래 모습을 그려보기 시작하였고 고민도 제법하게 되었다. 그로부터 5번의 교육실습과 임용고시를 준비하는 기간 동안 교직에 대한 꿈을 차츰 키워나갔다.

2016년 초등임용고시에 합격하였다. 신규교사 연수를 받으면서 최고로 멋진 선생님이 되겠다는 꿈을 머릿속에 가득 채웠다. 그러나 지연되는 정규교사 발령에 설렘과 꿈은 잠시 가슴에 묻어두고 기간제교사로 1년을 보내게 되었다. 학생들과의 멋진 수업, 재미있는 수업, 배움이 있는 수업이 일어나길 바랐지만 생각대로 되지 않았다. 정식발령이 아닌 기간제 교사로 학교에 짧게 있다 보니 학생들과의 진지한 래포 형성도 어려웠다. 계속되는 발령지연에 합격을 하고도 불안했고 소속감이 없는 상태로 지내다 보니 '이렇게 쉬다가 발령이 나서 담임이 되었을 때 내 열정이 식어있으면 어쩌지?' 하는 걱정에 무척 힘들었다. 하지만 그때마다 내가 꿈꿔왔던 교사의 모습, 학생들의 마음을 읽어주는 교사의 모습, 즐거운 배움을 위해 노력하는 교사의 모습을 상상하며 기다림의 시간을 이겨내곤 하였다.

그렇게 시간이 지나고 2017년 3월, 드디어 발령을 받았다. 임명식이 끝나고 며칠 뒤 교실에서 첫 학생들을 맞이하게 되었다. 신규교사에겐 축복이라는 4학년 담임을 배정받았다. 자신들의 학교에 처음으로 온 신규교사인 나를 바라보는 학생들의 눈빛 또한 설렘과 걱정으로 가득 차 있는 것처럼 보였다. 그 눈빛을 보며 벅차오르는 기쁨은 곧 사라지고 막연한 두려움이 찾아왔다. 담임교사가 되면 학생들과 함께 하는 시간이 많으니 마냥 즐거울 것이라고만 생각했는데 막상 담임을 맡고 보니 '첫 날에는 무엇을 해야 하지?', '급식지도는 어떻게 하지?', '잘 할 수 있을까?' 하는 염려가 끊이질 않았다. 얼마 전까지는 나도 학생이었지만 이제는 학교에서 학생들의 보호자가 되어 학생들을 책임지게 된 것이다. 그렇게 나의 교직생활이 시작되었다.

아름다운 내 목소리 어디로 갔을까?

　첫 수업은 열심히 준비한 화려한 PPT 화면과 함께 시작되었다. 한 수업에 필요한 PPT 하나를 만드는데 몇 시간이 걸리는 것은 기본이었다. 이러한 노력에도 불구하고 시간이 지나면서 학생들은 내가 준비한 영상과 화면에 대한 관심이 낮아져갔다. 학생들을 하교시킨 오후 시간과 퇴근 후에도 집에서 잠을 줄여가며 만든 수업자료인데 학생들에게는 그저 스쳐 지나가는 바람 같은 존재였다. 또한 임용고시 내내 그렇게 열심히 숙지하였던 협동학습도 기대처럼 이루어지지 않았다. 일기검사, 숙제검사, 학습지검사, 나이스처리, 메시지내용 숙지 등 모든 것이 신규교사에게는 너무나도 힘든 일이었다. 나에게 닥치는 힘든 일들, 말을 듣지 않는 학생들, 나의 사랑을 더 많이 필요로 하는 학생들은 내가 꿈꾸었던 온화하고 평화로운 수업의 모습이 나의 교실에서 사라지게 하였다.

　3월, 4월 그리고 5월, 나의 교사생활 첫 세 달은 참으로 우여곡절이 많았던 시기였다. 3월 첫 날, 첫 만남부터 교사의 더 많은 관심과 사랑을 요구했던 마음에 상처가 많았던 학생이 있었다. 손에서 가위를 떼어놓지 않고 계속 가위나 명찰, 필기구 등을 빨아먹거나 도구나 손을 이용하여 책상을 두드리는 학생이었다. 난생 처음 맞이하는 상황 속에서 여러 생각이 떠올랐다. "처음에는 엄하고 무섭게 학생을 대해야 학생들이 말을 잘 들을 거야."라고 했던 선배들의 말과 "젊은 신규교사는 학생들에게 한없이 다정한 친구 같은 존재 이어야 해."라고 생각하는 나의 속마음이 서로 부딪쳤다. 내 눈도 마주치려 하지 않고 반항하는 학생의 행동에서 불길한 예감이 들었지만 가위는 위험한 도구라는 판단 아래 가위를 내려놓도록 경고를 보냈다. 그러나 학생은 이를 거부했고 나는 가위를 학생 손에서 놓게 하려고 했다. 그런데 그 학생은 가위를 붙잡고 있는 대로 힘을 쓰며 뺏기지 않으려고 했다. 심지어 바닥과 책상을 발로 차대며 반말로 "싫어. 안 줘. 왜 가져가!"를 연거푸 외쳐댔다.

담임교사로서 새로운 출발을 시작한 내 인생의 첫 날에 처음으로 맞이하는 난처한 상황이 나는 몹시도 고통스러웠다. 그리고 절망했다. 사랑을 담아 이야기하려고 해도 내 눈을 쳐다보지 않고 몸도 가만두지 못하는 학생을 붙잡고 수 십 분을 견뎌야 했다. 신규교사가 대하기에는 버겁기 그지없는 상황이었다. 어떠한 해법도 통하지 않았고 스스로 참자고 다짐하였지만 자꾸만 발생하는 특이 행동에 결국 감정이 폭발하여 소리를 질러가며 훈계하게 되었다. 이렇게 학생들과 힘겨운 씨름을 하던 신규교사인 나는 겨우 발령 1개월 만에 '성대폴립'이라는 청천 벽력같은 진단을 받았다.

"성대에 혹이 생겼어요. 여기 하얀 혹이 보이죠? 목소리를 내지 않는 게 유일한 치료방법입니다. 자꾸 목소리를 내면 평생 원래 목소리로 돌아가지 못해요. 3개월은 걸립니다. 그래도 차도가 없다면 수술하는 겁니다."

비교적 순조로웠던 대학교 입학, 졸업과 동시에 임용시험 합격, 이제까지 인생에서 뒤처지는 경험은 없었는데 꿈을 이룬지 1개월이라는 짧은 시간에 엄청난 시련이 닥쳐왔다. 단순히 누군가로부터 뒤처지는 것이 아닌

166

평생을 함께 할 교직생활에 큰 장애물이 생겼다. 정말 두려웠다. 무엇보다도 여기에 큰 원인을 제공한 우리 반 그 학생이 미웠다. 그 학생도 원치 않게 생긴 마음의 상처로 힘든 상황이라는 것을 알고 있었지만 그래도 원망스러웠다. 어렵사리 병가를 냈다. 우선 1개월을 쉬면서 처음에는 많이 울었다. 막연하게 두렵고 무서웠기 때문이다. 할 수 있는 유일한 일은 말을 안 하는 것이었다. 목소리와 말로 먹고 사는 교사이기에 힘들지만 더 노력했다. 1개월 후 조심스레 마이크를 사용하며 다시 우리 반 학생을 만날 수 있었다. 그때부터 문제행동을 일으키는 학생을 훈계하는 방법을 터득해 나가는 것이 나에게는 매우 중요한 일이 되었다.

멘토링을 만나다

그렇게 강렬했던 시간이 지나고 4월, 북부교육지원청에서 주관하는 '수석교사−신규교사 맞춤형 수업 멘토링' 실시에 관한 공문이 내려왔다. 멘토링 결연식에서 멘토와 같은 팀 동료 5명의 신규교사들과 짧은 만남이 주어졌다. 무엇이 어떻게 흘러갈지 전혀 감이 잡히지 않았다.

멘토란 다른 교사들을 다각도적 측면에서 코칭해 주는 역할을 한다는 것은 알고 있었기에 모든 것에 서투른 신규교사에게는 도움이 될 것이라는 막연한 기대만 했었다. 한 가지 확실했던 것은 모두 공개수업을 해야 한다는 것 이었는데 이것은 특히 부담스러웠다. 그런데 그 공개수업은 '협력수업'으로 진행하겠다고 했다. 이것 또한 전혀 감이 잡히지 않았다. '협력수업? 이건 어떻게 하는 것이지? 어쨌든 공개수업은 나 혼자 해야 하는 것 아닌가?'라는 생각이 들었다.

협력수업은 사전에 멘토와 멘티가 함께 수업을 설계하는 것으로부터 시작되었다. 그리고 수업공개는 멘티가 공개할 같은 형태의 수업을 멘토가 별도로 준비하여 먼저 공개했다. 학생들은 멘티에게 새로운 수업방식인 '생각맞이 수업'을 익히고 이어서 멘티는 멘토와 함께 준비한 생각맞이 수업을 공개했다.

먼저 수업을 공개한 멘토의 수업은 모두 마법에 걸린 것 같이 정숙한 분위기에서 이루어졌다. 학생들이 수업에 몰입하여 자신의 의견을 말하고 상대방의 의견을 경청하는 장면이 펼쳐졌다. 멘토는 "선생님들도 다 할 수 있는 수업입니다. 걱정 말아요."라는 말을 했지만 그저 그분의 경력과 노하우로만 만들어낼 수 있는 수업이라고 생각했었다. 그런데 이어진 신규교사의 수업에도 그것이 충실하게 적용되고 있었다. 놀라웠다. 그날 협의회에서 첫 번째로 수업을 공개한 신규교사도 학생들이 이렇게 한 학생도 빠짐없이 집중하여 참여하는 수업은 처음이라고 했다. 놀랍고도 신기했다. 하지만 내가 직접 해보고 피부로 느낀 것이 아니었기에 '과연 나도 할 수 있을까?'라는 의문도 들었다.

마법 같은 멘토링

멘토링 중에 글로 다 나타낼 수 없는 많은 사건이 있었고 그 안에서 배운 것도 많았다. 특히 멘토링을 통해 만난 멘토와 다른 동료교사들은 나의 첫 교직 입문의 해에 평생을 함께 할 가치와 혜안을 갖게 해주었다.

혼자였다면 절대로 수업과 학생을 바라보는 새로운 관점을 가지지 못했을 것이다. 이것을 가능하게 한 것은 여러 명의 교사와 함께 수업을 관찰하고 그에 대한 분석과 나눔을 할 수 있었던 멘토링 덕분이다. 수업 나눔을 통해 함께 노력할 수 있고 또 좋은 효과도 함께 얻을 수 있다는 것을 알게 되었다. 수업 나눔의 진정한 성과였다. 앞으로도 수업에 대한 고뇌, 행복, 기쁨을 계속 함께 나누며 학생에게 좋은 수업을 제공하는 행복한 교사의 길을 걷고 싶다. 무엇인지도 모르고 시작했던 멘토링, 이것이 나의 교직 생활의 시작에 활력을 불어 넣어주고 숨통을 틔게 해준 '마법' 이었다.

02
생각맞이를 적용한
학교폭력 예방교육

수업 주제

2학기 개학식 바로 다음 주에 멘토링을 위한 공개수업을 하게 되었다. 많은 구상 끝에 창의적 체험활동 시간을 활용한 '학교폭력'을 주제로 수업을 구상하였다. 학교폭력을 주제로 선택했던 이유는 학생들이 학교폭력의 목격자, 피해자, 가해자가 될 수 있는 위험이 항상 도사리고 있기 때문이었다. 따라서 학생들이 학교폭력에 대해 더욱 진지하게 고민해보길 바라며 이를 주제로 삼게 되었다.

생각맞이 수업을 적용한 공개수업을 두 번 보고 난 뒤였지만 직접 설계하는 것은 처음이기에 보기에는 간단해 보여도 정말 힘들었다. 결국 선택한 것은 그동안 해왔던 방식의 틀에 박힌 수업설계이었다. 처음 설계한 수업의 흐름은 다음과 같다.

학교폭력 상황을 담은 동영상을 통한 동기유발

→ 동영상 속의 상황에 처했을 경우의 대처 방법 짝과 생각 나누기
→ 교사가 설명하는 학교폭력의 의미와 종류
→ 학교폭력을 경험한 사례 나누기
→ 학교폭력 예방방법을 모둠활동을 통해 탐구하기
→ 학교폭력 예방 실천 선서문 작성하기

임용고시를 준비하던 틀 그대로였다. 이 방법이 반드시 나쁘다는 것은 아니다. 그렇지만 이 모둠활동은 학생들의 수준차를 해결하지 못한다는 필연적인 단점이 있다. 교사가 아무리 신경을 더 쓰려고 해도 전적인 일대일 지도가 이루어질 수 없는 교실현장에서 몇몇 학생에게 손길을 특별히 주기는 정말 어렵다. 이것이 교사들의 딜레마이고 신규교사들에게는 더욱 큰 어려움이다. 그래도 모둠끼리 학습하면 서로 이야기를 나누고 나름대로의 협력이 이루어지기에 '이 방법이 최선이야.'라고 자신에게 자꾸만 속삭이며 임용고시에서 준비했던 틀대로의 수업을 진행해 왔다. 수업 하나하나까지 동료교사들을 붙잡고 '저를 도와주세요.'라고 요청할 수가 없기에 어떻게 하면 더 좋은 결과를 이끌어 낼 수 있을지 고민만 할 뿐 틀에 박힌 수업을 진행한 것이다. 수업이 끝나고 학생들의 활동결과를 확인해 보면 역시나 잘 따라오지 못한 학생이 있었음을 발견하고 좌절하고는 했었다.

수업 코칭에 따른 수업관점의 변화

이런 고민을 가지고 있는 내가 만든 수업 흐름도를 본 멘토는 수업을 새로운 관점으로 바라보게 해주는 조언을 해주었다.

"교사의 설명이 길어지면 학생들은 귀를 닫아요. 학생들의 귀를 열어볼까요? 그리고 모두에게 깊이 있는 배움을 줄 수 있는 수업을 설계해봅시다."

멘토의 지도에 속마음으로만 느끼던 내 수업의 문제점을 드러내놓고 전적으로 솔직하게 논의할 수 있었다. '나도 듣기만 하면 지루한데 학생들은 얼마나 힘들까!' 멘토는 다음과 같은 질문도 하였다.

"이 수업을 하는 목적이 무엇인가요? 학교폭력이 발생하면 빨리 신고해야 한다는 방법을 알려주는 것인가요? 아니면 학교폭력을 줄이고 싶은 것인가요?"

당연히 교실에서의 폭력을 줄이고 싶은 마음에서 설계한 수업이었다. 멘토는 수업의 관점에 대해 이어갔다.

"대부분의 학교폭력 예방교육이 이 수업설계와 비슷합니다. 학교폭력의 종류를 배우고 그리고 일반적인 대처방법을 알려주지요. 학교폭력 예방교육이 너무나 잘되어 이제 학생들은 아주 사소한 일에도 학교폭력이라는 말을 달고 삽니다. 그런데 학교폭력을 예방하기 위해 가장 필요한 것이 무엇이라고 생각합니까?"

학습목표는 설정했는데 교사인 나 자신 조차도 이 질문에 쉽게 대답하기 어려웠다. 멘토는 수업설계의 주요 관점에 대해 다음과 같이 말했다.

"학교폭력을 예방하기 위해 가장 필요한 것은 묵인하는 방관자들이 적극적으로 학교폭력을 막으려고 노력하는 것이 필요하다고 생각합니다. 그런데 학교폭력 예방교육이 대부분 피해자와 가해자에 초점을 맞추는 것 같아요. 폭력 없는 학급문화를 만들기 위해서는 피해자와 가해자의 노력뿐만 아니라 방관자의 변화가 필요하지 않을까요?"

멘토는 수업흐름의 방향과 함께 그 수업에 필요한 자료들도 미리 준비하여 제공해 주었다. 학생 모두가 수업에 참여해야 한다는 학생중심 수업으로 지도해주었다. 이와 같은 멘토의 도움을 받아 다시 수업을 재설계하였다. 수업흐름도만으로는 타수업과 비슷하게 보일지 모르겠지만 엄청난 차이가 있는 수업이었다.

새내기 교사인 나는 비교적 최근까지도 대학시절 교수님이 가르쳐준 방향에 의한 수업, 연수를 통해 익히고 배웠던 수업, 즉 내가 만드는 것이 아닌 누군가를 따라하는 수업만 익숙했던 학생 같은 교사이었기에 아무리 학생들의 입장에서 설계하려고 해도 쉽지 않았다. 그런데 이 부분을 지도해 준 이가 바로 멘토링을 통해 만나게 된 수석교사였다. 수업을 시작해보지도 않았지만 설렘이 내 가슴에 차올랐다. '학생들 모두가 깊이 있는 학습을 할 수 있겠구나' 하는 생각에 설레면서도 한편으로는 '계획대로되지 않으면 어떻게 하지?' 하는 두려운 마음도 들었다.

수업의 실제

수정된 수업은 동기유발부터 모든 것이 달라졌다. 내가 처음에 설계한 수업은 학교폭력 장면이 담긴 뉴스 영상을 보여주고 이런 상황을 겪은 경험을 묻는 것이었다. 이러한 접근은 학교폭력 예방에 대한 근본적인 필요성에 대한 학생들이 인식하기를 바라는 기대와 달리 학생들에게 폭력적이고 자극적인 장면을 각인시킬 수 있다는 조언을 받았다.

장난과 폭력의 구분으로 시작한 동기유발

특별한 경우를 제외하고는 학교현장의 학교폭력은 '장난'으로 시작된다. 따라서 '장난'과 '폭력'을 구분하고 상대방의 입장이 되어보는 것으로 폭력 예방의 필요성을 인식시키는 그림을 통한 동기유발로 변경되었다. 학생들이 좋아할 캐릭터(저작권 문제로 이 책에서는 삭제함)를 등장시키고 말주머니를 넣었다. 친구 얼굴에 낙서를 하며 장난을 치는 귀여운 그림이었다. 그리고 다음과 같은 말주머니를 넣은 세 장면을 제시하였다. 4학년 학생들에게 쉽게 다가갈 수 있으면서 핵심을 찌르는 세 장면의 자료이다. 스스로를 칭찬하고 싶었다.

"장난을 치니 재미있군!"
"흑흑 나는 괴로워..."

"폭력일까요?"
"장난일까요?"

"폭력과 장난의 차이는
무엇입니까?"

단 세 장면이었지만 호소력 있는 내용이었다. 학생들은 동기유발 과정에서 학교폭력의 판단은 상대방의 입장에서 결정된다는 것을 명확하게 인식하였다. 본인은 장난이라고 생각했지만 상대방이 장난으로 받아들이지 않으면 폭력이 된다는 것을 알게 한 것이다. 단 세 컷의 그림만으로 학교폭력의 핵심은 모두 전달되었다. 학생들은 학교폭력에 대해서 새로운 관점으로 바라보게 되었고 그것에 대해 더 많이 알고자 하는 마음을 갖게 되었다. 폭력에 대해 이해를 시키면서 수업에 대한 관심도 효과적으로 가지게 하였다.

배움을 위한 활동 1

멘토가 가장 강조하는 가르침을 최소화하고 배움이 많이 일어나는 수업이 되는 것에 중점을 두었다. 따라서 학교폭력의 종류를 가르치는 것이 아닌 도표를 통해 자료를 스스로 분석하면서 학교폭력의 종류를 익히도록 변경하였다. 막대그래프로 제시된 도표였기에 학생들은 쉽게 그 내용을 분석할 수 있었다. 도표를 통해 반드시 분석해야 할 내용은 질문으로 도표와 함께 말주머니 안에 넣어 제시하였다. 설명대신 질문을 던져 주는 것이다. '질문이 있는 교실'과도 연결되는 수업이다. '배움ㆍ교과통합 · 학생중심 수업 · 질문이 있는 교실'과 같은 요즘 화두가 되고 있는 수업이 추구해야 할 방향이 이 활동에 모두 담겨있다.

다음에 제시하는 도표는 멘토가 인터넷을 통해 준비한 자료이다. 이 자료는 조사한 연도나 조사한 기관에 따라 수치의 차이가 있을 수 있다. 따라서 조사연도, 조사기관 등을 조사하였으나 실제 수업에서 학생들에게는 제시하지 않았다. 그리고 이 수업은 수학교과와 통합하여 설계할 수 있다는 조언을 들었다. 신규교사로서 한 가지 주제의 수업도 제대로 꾸리기 어려운 상황에서 학교폭력을 수학교과와 통합하는 새로운 수업을 경험하는 기회를 가지게 되었다. 이 수업설계를 통해 교과통합이 어려워 보이나 실제로는 간단한 도표 하나로도 통합할 수 있음을 깨닫게 되었다.

첫 번째 자료는 학교폭력의 종류를 알아보기 위한 도표이다. 이 자료에는 언어폭력, 집단따돌림, 신체폭행, 스토킹, 사이버 괴롭힘, 금품갈취, 강제추행, 강제심부름 등과 같은 다양한 학교폭력의 종류가 나열되어 있

다. 학교폭력의 종류를 지루하게 가르치지 않아도 학생들은 스스로 도표를 분석하면서 그 종류를 익힐 수 있는 것이다. 이 자료와 함께 "가장 많은 학생이 경험한 학교폭력은 무엇입니까?"라는 말주머니가 제시되었다. 말주머니를 통해 학생들이 스스로 도표를 분석하며 그것에 몰입함과 동시에 말주머니 속 질문을 보고 스스로 생각하게 하기 위함이었다.

학교폭력 중 가장 많은 것은 35%가 넘는 언어폭력이었다. 실제로 사용하는 '언어'에서 폭력으로 간주될만한 것을 가려내는 것은 쉽지 않다. 언어폭력의 기준이 매우 모호하기 때문이다. 재미로 따라하는 유행어들의 의미에 대해 고찰해보고 학생들이 왜 바른 언어를 사용해야 하는지 교육해야 함을 다시 한 번 마음에 새기게 되었다. 이 자료는 학생들에게 평소의 언어습관의 중요성을 일깨워줄 뿐만 아니라 학교에서 언어사용에 대한 교육이 더욱 더 적극적이어야 함을 깨닫게 해주었다.

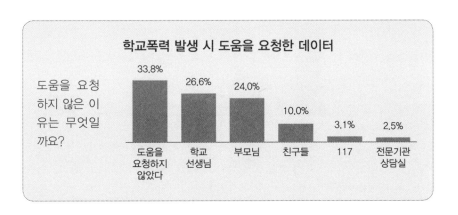

두 번째 도표는 학교폭력에 대한 피해자의 대처방법에 대한 실태이다.

도움을 요청하지 않은 경우가 33.8%, 선생님에게 도움을 요청한 경우가 26.6%, 부모님께 도움을 요청한 경우는 24%, 친구들에게 도움을 요청한 경우는 10%, 117에 신고한 경우는 3.1%, 전문기관에 요청한 경우는 2.5% 순이었다. 본인이 폭력이라고 인지하고 있으면서도 33.8%의 학생들은 도움을 요청하지 않았다는 것은 어떤 의미일까?

따라서 "도움을 요청하지 않은 이유는 무엇일까요?"라는 말주머니를 제시하면서 그 이유에 대해서 함께 생각해보는 시간을 가졌다. 학생들은 "가해자가 도움을 요청한 사실을 알고 해코지를 할까봐 두려워서요.", "창피하고 부끄러워서요."라고 대답하였다. 대부분 학생들은 학교폭력의 직접적인 피해자가 아니더라도 가해자의 잘못을 탓하기보다 그 후의 것들에 대해 생각하고 있었다.

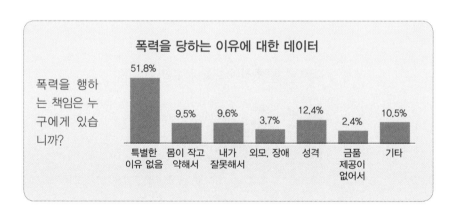

세 번째 도표는 학교폭력의 피해이유에 대한 피해학생의 응답이 담긴 자료이다. 특별한 이유 없음이 51.8%, 몸이 작고 약해서가 9.5%, 내가 잘

못해서가 9.6%, 외모와 장애가 3.7%, 성격이 12.4%, 금품제공이 없어서가 2.4%, 기타의견이 10.5%였다. 특별한 이유가 없이 학교폭력의 피해를 당했다고 절반이 넘는 학생들이 응답했다. 그러나 '몸이 작고 약해서, 내가 잘못해서, 외모와 장애, 성격, 금품제공이 없어서'라고 답한 학생들은 폭력의 책임이 본인에게 있다고 생각할 수 있는 것은 아닐까? 따라서 "폭력을 행하는 책임은 누구에게 있습니까?"라는 말주머니를 제시하여 폭력은 가해자에게 책임이 있다는 것을 명확하게 인지하게 하였다.

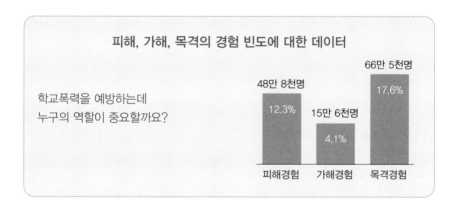

네 번째 도표는 학생들이 학교폭력의 경험 정도를 알게 하는 자료이다. 피해경험은 12.3%, 가해경험은 4.1%, 목격경험은 17.6%로 나타났다. 이 통계에 의하면 학교폭력에 노출된 경험이 있는 학생은 34%로 전체 학생 세 명 중 한 명에 달한다. 이 자료는 이 수업의 핵심부분이다. 그동안 가해자와 피해자에게 맞추어졌던 학교폭력을 예방하기 위한 노력의 방향을 새로운 관점으로 바꾸려는 멘토의 의도가 담긴 자료이다. "학교폭력

을 예방하는데 누구의 역할이 중요할까요?"라는 말주머니 안에 그 의미를 담았다. 이 질문에 학생들은 저마다의 생각을 발표하면서 학습에 몰입하기 시작했다.

학교에서 가해자와 피해자는 어느 정도 예측이 가능하다. 어쩌면 이미 정해져있을 수도 있다. 그럼에도 학교폭력을 사라지게 하는 것은 매우 어렵다. 이를 해결할 수 있는 것은 결국 학교의 문화이다. 그리고 이 문화를 만들어 갈 수 있는 주체가 목격자와 데이터에 잡히지 않은 학생들이다. 자신의 일이 아니면 방관하는 학생들, 그렇지만 학교폭력을 줄이는데 가장 큰 역할을 할 수 있는 학생들을 주목하자는 교육적 의미를 담은 자료이다.

학교폭력 발생 시 도움을 요청하지 않은 경우가 33%를 차지했다. 이를 통해 학교폭력에 대한 적극적인 대처의 필요성도 이끌어 낼 수 있었다. 세 번째 제시된 자료에서는 폭력의 피해자 중에서 37.6%가 자신의 문제가 폭력을 불러왔다고 생각할 수도 있는 위험한 인식을 하고 있다는 것을 알 수 있었으며 이에 폭력의 책임은 가해자에게 있음을 명백하게 인식시켰다. 그리고 마지막 자료제시를 통해 폭력의 장면을 목격한 경험이 있는 방관자들의 역할이 매우 중요함도 생각할 수 있도록 하였다.

이 수업은 학교폭력의 예방을 위해 대부분 방관자였던 학생들의 적극적인 참여가 필요함을 인식시키는 설계였다. 자신의 경험과 관련되니 학생들은 수업에 더 적극적이 될 수밖에 없다. 너무나 '뻔 ~ 할' 수업이 도표 분석을 통해 새로운 수업으로 탄생되었다. 또한 학생들의 수준을 높이 끌고 올라가는 질적인 성장을 추구한 새로운 시도였다. 교사가 제시하는 자료에 따라 수업이 어떻게 변화되는 지 직접 경험한 순간이었다. 주입식 수업이 아니라 교사는 방향과 질문만 제시하고 그와 관련된 의견을 학생들이 스스로 찾아가는 그런 경험을 수업 내내 맛본 것이다.

학교폭력 예방과 대처 방법 탐구를 위한 활동 2

이어서 '일대일 생각맞이'를 적용하는 다음 단계의 활동2로 넘어갔다. '학교폭력 예방'이라는 광의의 주제는 심도 있는 생각을 쉽게 열어주지 못한다는 조언이 있었다. 따라서 본 활동은 '금품갈취, 언어폭력, 신체폭행, 사이버 괴롭힘, 집단따돌림, 강제심부름'을 6개의 소주제로 설정하였다. 소주제를 6개로 설정한 것은 우리 반 학급은 6개의 모둠으로 이루어져야 하는 학급규모이기 때문이다. 따라서 소주제 설정은 학급 인원수에 따라 조정이 가능하다.

소주제별로 학교폭력 예방방법을 구체적으로 생각할 수 있는 시간을 일대일 생각맞이를 통해 충분히 가지도록 하였다. 학생들이 쉽게 대화의 문을 열수 있도록 다음과 같은 마중질문이 주어졌다.

마중질문

(언어)폭력
1. (언어)폭력이란 어떤 것을 말합니까?
2. 피해자는 어떻게 해야 합니까?
3. 가해자는 어떻게 해야 합니까?
4. 목격자는 어떻게 해야 합니까?
5. (언어)폭력에 대해 어떤 생각을 하게 되었습니까?

앞 시간에 멘토와 이미 생각맞이 수업을 경험한 학생들은 익혀준 대로 학생들은 침묵 속에서 자리를 옮기며 생각맞이 대화를 나누었다. 학생들은 저마다 존댓말로 의견을 주고받으며 6가지 종류의 학교폭력에 대해 심도 있는 대화를 나누었다. 말하고 발표하길 좋아하는 학생, 발표를 꺼려하는 학생 모두 너 나 할 것 없이 즐겁게 참여했다. 학생들은 평소보다 더 흥미 있게 수업에 임하는 것이 분명하였다. 화려하지도 특별하지도 않은 내용이었지만 학생들은 모든 주제에 대해 두려움 없이 대화를 나누었다.

수업 중 하나의 에피소드가 발생했다. 타이머가 울려서 이동자리 친구들이 이동할 때 맨 뒤에 있던 한 친구가 어디로 이동해야 할지 몰라 헤매었다. 그런데 우리 반 학생들이 늦게 이동하는 친구를 재촉하거나 비난하지 않고 침묵 속에서 그 친구가 제 자리를 찾을 수 있을 때까지 기다려주었다. 우리 반 학생들에게서는 처음 보는 모습이었다. 수업형태의 변화로 차분한 분위기가 형성되고 수업주제에 대한 열정이 증가해서일까?

학교폭력 예방을 위한 탐구 활동 3

세 번째 활동에서는 '일대일 생각맞이'에서 나눈 생각을 모둠원들과 함께 정리해 보는 것이었다. 따라서 다음활동은 '자료공유 생각맞이' 모둠 대형으로 자리가 바뀌었다. 이것 또한 특별했다. 6개의 주제인 금품갈취, 언어폭력, 신체폭행, 사이버 괴롭힘, 집단따돌림, 강제심부름이 각각 적혀있는 활동판을 준비했다. 그리고 모둠별로 활동판을 하나씩 나누어 갖는다.

주어진 활동판에 목격자, 가해자, 피해자별로 각 상황에서 폭력을 예방하기 위해 할 일을 붙임쪽지에 기록하여 붙인다. 시간은 짧게 주어지며 이동을 알리는 타이머의 음악이 울 리면 다음 모둠으로 활동판을 전 달한다. 옮겨진 활동판에는 다 른 모둠원의 생각이 적혀있다. 따 라서 이를 읽고 추가할 내용이 있

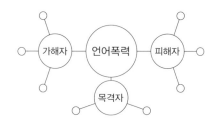

으면 자신의 생각을 마음껏 추가할 수 있다. 계속해서 활동판은 다음 모 둠으로 옮겨졌다. 6번의 이동이 이루어지고 처음의 활동판이 각 모둠으 로 돌아왔다. 이 과정에서 학생들은 다른 학생들의 생각도 모두 읽기 때 문에 생각을 넓힐 수 있을 뿐 아니라 전체 발표 없이도 학급 전체 학생들 의 생각을 공유할 수 있었다. 즉 1모둠부터 순서대로 앞에 나와 발표하 지 않아도 모든 자료를 공유할 수 있었던 것이다. 이런 방식은 생각지도 못했는데 자료공유 생각맞이 형식을 통해 아주 만족스러운 수업을 진행 할 수 있었다. 다음은 학생들이 만든 결과물이다.

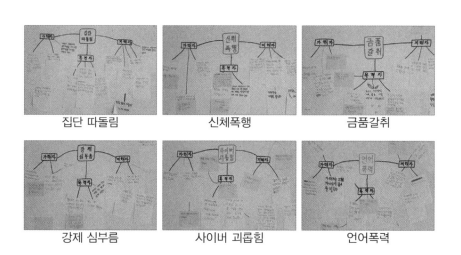

집단 따돌림   신체폭행   금품갈취

강제 심부름   사이버 괴롭힘   언어폭력

수업 말미에 다시 한 번 학생들이 학교폭력 상황에서 어떤 것이 가장 중요한 것인지 물으니 "어떤 상황에서든지 적극적으로 대처하는 것이 가장 중요하다고 생각합니다."라고 발표하는 모습에 참으로 뿌듯했다. 여러 활동을 통해 아이들이 학습목표를 통해 이루고자 했던 적극적 대처의 필요성과 중요성을 마음에 새기게 된 결과였다. 어찌보면 생각을 나누는 형식만 바꾸었을 뿐인데 모든 학생들이 체감하는 수업 이해도와 몰입도에는 큰 변화가 있었다. 학생중심 수업에 대한 경험을 한 소중한 시간이었다.

03
국어공부를
정말 열심히 했구나

　멘토가 우리 반 학생과 함께 시범수업을 할 때 일어난 특별한 일이 한 가지 있다. 가위에 집착했던 그 학생이 수업 중에 끊임없이 딴지를 건 것이다. 그것은 새로운 선생님과의 수업에 대한 관심표현의 일부였을 것이다. 하지만 계속해서 "재미있니?"라고 물으면 "재미없어요. 우웩." 등 반항적인 대답을 했다. 멘토와의 수업이 낯설었는지 더욱 이상 행동을 보였다. 급기야 볼펜심을 깨물고 빨아먹다가 빨간 볼펜 잉크가 터져 혓바닥이 새빨갛게 물들었다. 그러자 물티슈를 통째로 꺼내서 혓바닥을 닦기 시작했다. 뒤에서 이를 바라보는 담임교사인 내 마음에는 화가 불같이 타올랐다. 아니 그런데 이게 웬 일일까? 멘토는 그 학생에게 다음과 같이 말했다.

　"너는 정말 집중력이 뛰어나구나. 선생님 말을 정확히 듣고 있네. 그리고 반대말을 하는 능력도 매우 훌륭하다. 어쩜 그렇게 국어 공부를 잘했니? 얘들아, 이 친구가 정말 뛰어난 국어실력과 반대말하기 능력을 가지고 있지? 이제 비슷한 말도 할 수 있겠다. 그렇지?"

나에겐 충격이었다. '어떻게 이런 상황에서 저런 말을 할 수 있을까?' 결과는 놀라웠다. 그 학생은 그 말에 머쓱하면서도 기분이 좋았는지 반항적인 말이 줄어들고 오히려 집중하는 모습을 보였다. 경고의 말없이도 그 친구를 수업에 참여시키는 모습을 보며 우리 반 전체 학생의 마음도 훨씬 편해지는 것처럼 보였다. 그 학생으로 인해 우리 반 친구들 모두가 피해를 봐서 한 학기 내내 머리가 터질 만큼 괴로웠는데 멘토의 대처방법은 학생지도에 새로운 관점을 가지게 했다.

나는 그 학생이 나를 힘들게만 한다고 생각하여 나도 모르게 마음의 문이 닫혀있어 그런 행동을 칭찬으로 바꾸려는 시도는 생각하지도 못했던 것이다. 그 날 이후로 그 학생은 훨씬 수업에 참여하려는 의지를 보이고 있다. 다른 학생도 이제 그 학생을 부정적으로 바라보던 시각이 많이 바뀌었다. 담임인 나 역시 변화되는 학생들의 모습 속에서 보람을 느끼고 행복해지고 있다. 마법 같은 멘토링을 통해 더 멋진 교사를 꿈꾸는 2017년, 교사로 새롭게 태어나는 한 해가 되었다.

04

수업과 함께 하는
인성교육

학생과 하나가 되어

김정경 교사는 협의회에서 항상 먼저 대화의 문을 열어주었다. 자신의 고민을 먼저 드러내며 질문을 던지는 고마운 새내기였다. 높은 친화력은 멘토링을 부드럽게 진행되도록 해주는 윤활유가 되었다. 그러나 가끔은 당돌한 질문으로 긴장시키기도 했다. 그러나 그 질문 속에는 항상 교육에 대한 애정과 관심 그리고 멋진 교사가 되고 싶은 열정이 담겨있었다. 질문문화에 익숙하지 않은 교육현장에서 먼저 질문을 던지는 자신에 찬 이 신규교사는 학교폭력 예방교육을 멋지게 구현해주었다. 학생들과 훌륭하게 공감하고 소통하며 수업하는 모습을 보여주었다. 특히 수업하는 모습 속에서 초등학교 교사에게 꼭 필요한 풍부한 감성 표현력을 발견했다. 이러한 표현력은 필자가 가장 가지고 싶었던 능력이었다. 학생들을 수업에 몰입시키는 풍부한 표현력은 앞으로 그를 더욱 매력적인 교사로 만들어 줄 것이다.

역할이 다른 선언문 만들기

이 수업은 한 차시로 진행되었다. 따라서 수업이 하나의 스토리로 완성되지 못한 아쉬움이 남았다. 특히 새내기 교사가 처음 설계한 수업흐름도의 마지막 부분인 '학교폭력 예방 실천 선서문 작성하기'를 공개수업에서 진행하지 못한 것이 마음에 걸렸다. 따라서 수업자의 의도를 살리는 활동을 추가하여 자료화하였다.

활동모형은 '전문모둠 생각맞이'을 선택하였다. 학생들이 피해자, 목격자, 가해자의 세 역할 중 하나를 선택하게 한다. 그리고 학생 전체를 역할별로 그룹을 만든다. 학생들은 피해자, 목격자, 가해자 세 모둠 중 하나에 속하게 된다. 그리고 각 모둠은 '자료공유 생각맞이'에서 만든 모둠활동판에서 자신의 그룹에 해당하는 붙임쪽지를 가지고 온다. 그 내용을 토대로 '학교폭력 예방 실천 선서문'을 작성하는 것이다. 이렇게 하면 '피해자, 가해자, 목격자' 각각의 '학교폭력 예방 실천 선서문' 3개가 만들어지게 된다. 피해자, 가해자, 목격자가 실천해야 할 내용이 다르기 때문이다.

교육과정 재구성을 쉽게 할 수 있는 방법 중의 하나가 단원중심의 수업설계이며 단원을 하나의 스토리로 만들어 보는 것이다. 이는 2015교육과정의 방향에 적합한 수업설계이기도 하다. 2시간으로 이루어지는 블록 수업으로 하나의 스토리로 엮어지는 수업을 기대하며 수업 흐름을 제시한다.

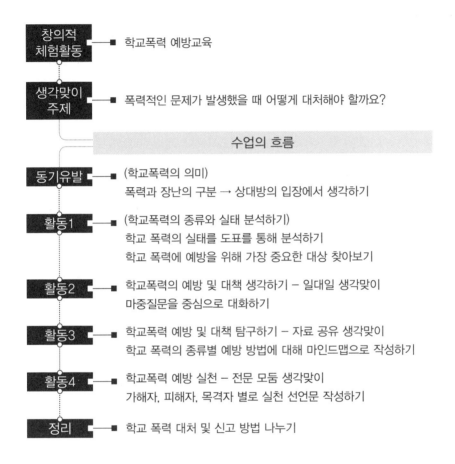

창의적 체험활동	학교폭력 예방교육
생각맞이 주제	폭력적인 문제가 발생했을 때 어떻게 대처해야 할까요?

수업의 흐름

동기유발	(학교폭력의 의미) 폭력과 장난의 구분 → 상대방의 입장에서 생각하기
활동1	(학교폭력의 종류와 실태 분석하기) 학교 폭력의 실태를 도표를 통해 분석하기 학교 폭력에 예방을 위해 가장 중요한 대상 찾아보기
활동2	학교폭력의 예방 및 대책 생각하기 – 일대일 생각맞이 마중질문을 중심으로 대화하기
활동3	학교폭력 예방 및 대책 탐구하기 – 자료 공유 생각맞이 학교 폭력의 종류별 예방 방법에 대해 마인드맵으로 작성하기
활동4	학교폭력 예방 실천 – 전문 모둠 생각맞이 가해자, 피해자, 목격자 별로 실천 선언문 작성하기
정리	학교 폭력 대처 및 신고 방법 나누기

이런 상황에는 어떻게 대처해야 할까?

한 학급에 70명이 넘는 학생들을 가르치던 1980년대 교사들은 한 학급의 학생이 30명 정도가 되는 환상을 가졌었다. 세월이 흘러 그 환상이 현실이 되었다. 30명의 학생을 가르치던 그 시절 교사들은 말했다. "4명씩

6모둠인 24명이 되면 정말 수업이 잘 될 것 같아." 그 역시 현실로 이루어졌다. 그런데 지금의 교사들은 이렇게 말하기도 한다. "예전이 더 좋았어." 이 말은 학생들을 가르치는 일이 점점 힘들어지고 있다는 의미이리라.

학생들의 돌발상황에 적절한 대처를 하지 못한 실패로 인해 힘든 시간을 보내야 했던 경우가 수없이 많다. 그러나 성공한 경험도 있다. 물론 그 한 번의 성공이 있기까지 더 많은 실패의 시간들이 있었다. 그리고 아픔의 기간도 길었다. 그 실패의 시간과 아픔의 기간을 조금이라도 줄여보고자 성공의 경험을 몇 가지 나누어보고자 한다.

관심을 수업으로 되돌리기

1학년 수업에 들어갔다. "선생님, A가 변태짓을 했어요." 한 학생이 A의 행동을 나열한다. 난감한 상황의 대처방법을 생각하는 동안 반복하여 "선생님, A가 변태짓을 했어요."라고 외친다. 목소리도 정말 크다. 모든 학생의 관심은 이미 수업과는 멀어진 곳에 관심이 쏠린다. 담임교사는 뒤에서 나의 수업을 참관하고 있었다. 담임교사는 이런 상황에서 이 학생에게 어떻게 접근을 할까? 담임교사도 아마 빨리 수업으로 학생들이 관심을 돌릴 수 있는 방법을 강구하고 있을 것이다. 백묵을 들고 조용히 칠판에 썼다.

'알 → 애벌레 → 번데기 → 나비'

"사람은 태어났을 때와 어른이 되었을 때 모습이 변하지 않아요. 그런데 곤충은 성장하는 과정에서 모양이 완전히 바뀌죠?"

1학년 학생이지만 고개를 끄덕인다. 이 정도는 안다는 뜻이다.

"성장과정에서 모양이 변하는 것을 변태라고 합니다. 그렇다면 사람에게 변태라는 말을 쓰는 것은 맞는 것인가요?"

변태의 여러 가지 뜻 중에서 학생들이 이해할 수 있는 풀이로 살짝 돌려서 학생들과 대화를 이어갔다. 어린 학생들이라 이 방법에 쉽게 따라왔다. A를 변태라고 지목했던 학생이 자신의 표현이 적절하지 않았음을 수긍한다. 기대 이상의 성공이다. 더 이상 이 문제로 수업을 방해하지 않을 것이라는 판단이 서면 수업을 진행하면 된다. 수업 중에 이와 비슷한 일들은 수없이 일어난다. 그때마다 교사는 난감해진다. 그리고 그 문제를 해결하기 위해 나름의 방법으로 접근한다. 이 과정에서 오히려 학생들에게 상황이 더 자세히 알려지며 다른 오해가 발생하는 경우도 있다. 가장 중요한 것은 상황을 확대하지 않고 학생들의 관심을 수업으로 되돌리는 것이다. A학생과 관련된 일은 수업 외의 시간에 조용히 해결하면 된다. 수업을 방해하는 사건은 정도의 차이는 있지만 매시간 일어난다. 이에 휩쓸리지 않고 수업을 똑바로 이끌고 갈 수 있어야 한다.

칭찬의 효과를 극대화하기

오늘은 1학년 수업이 끝나는 날이라 선물을 주기로 했다. 예쁜 한지로 가방을 접어 그 안에 학급의 학생 수만큼 초콜릿을 넣었다. 수업이 끝나고 한 학생에게 초콜릿을 나누어주도록 했다. 이런 경우 선물을 전달할 학생을 선택하는 방법은 여러 가지이다. 칭찬을 받을만한 학생을 선택해도 되고 학급에서 소극적이거나 자신감이 부족한 학생을 선택해도 된다. 초콜릿을 친구들에게 나누어주는 특권을 부여받는 이유는 칭찬으로 한다. 선택된 학생은 신나게 초콜릿을 나누어 준다. 이제 빈 가방이 남았다.

"가방은 네가 가져도 되고 가지고 싶어 하는 친구에게 주어도 된다."

또 다른 특권이 부여되었다. 남학생이라 가방에 별 관심이 없는지 친구에게 준다고 한다. 순간 여기저기서 가지고 싶다고 하며 손을 든다. 선뜻 한 학생을 선택하지 못한다. 어느 한 학생에게 주는 순간 또 다른 문제가 발생할 수도 있겠다는 생각이 들었다. 한참을 망설이던 학생이 말한다.

"선생님, 나중에 주어도 되나요?"
"그럼."

전체 학생들에게 말했다.

"얘들아, 이 학생은 생각이 깊구나. 한 명의 친구를 선택하면 다른 친구들의 마음이 아프지 않겠니? 그래서 고민이 되어 결정을 미루는 것 같다. 친구의 마음을 생각하는 따뜻한 마음을 가졌다. 그리고 해결하기 어려운 문제를 만났을 때 그 문제를 해결하는 지혜를 발휘했네. 결정하기 어려운 문제가 생길 때 이 친구처럼 행동하는 것도 필요하단다."

교사조차도 결정하기 어려운 예상하지 못한 상황을 이렇게 칭찬의 말로 정리했다. 교사가 칭찬이라는 도구를 사용하는 것은 관계회복에 매우 효율적이다. 이를 위해서 '무엇'을 '어떻게' 칭찬할 것인가를 교사는 항상 생각해야 한다. 그리고 때로는 특별한 학생이나 관계가 깨어진 학생을 위한 칭찬의 상황을 만드는 것을 사전에 기획하는 것도 필요하다.

시간을 가지고 기다리기

아주 오래전, 교사로서 연륜이 아직은 부족한 시절의 경험이 떠오른다. 6학년 과학실험 시간이었다. 각 모둠을 돌며 실험상황을 살피는 중이었다. 한 모둠에서 B학생이 보이지 않았다.

"얘들아, B는 어디 갔니?"
"실험하다 저희와 다투었는데 화를 내고 나가버렸어요."

실험 중이라 자리를 비울 수도 없었다. 수업을 조금 일찍 마치고 과학실에서 교실로 향했다. 당연히 교실에 있으리라 생각한 B가 보이지 않았다. B의 자리를 살피니 책가방도 보이지 않았다. 순간 가슴이 철렁했다. 그 짧은 순간에 수많은 가상의 상황들이 필름처럼 머릿속에서 돌아갔다. B의 집에 전화를 하자 B의 목소리가 들렸다. 순간 안심이 되면서도 화가 치밀었다. 그리고 어떤 말을 해야 할지 난감했다. B는 공부는 잘 하지만 '짱'이라 일컬어지는 여학생이었다.

"집에 어른 계시니?"
"아니요. 저 혼자 있어요."
"지금 학교로 오너라."
"싫은데요."
"앞으로 학교에 오지 않을 것이니?"
"......"
"그럼 네가 결정해라. 앞으로 학교에 오지 않을 것이면 오늘 학교에 오지 않아도 된다. 그러나 학교에 올 것이라면 지금 오거라."

단호한 담임교사의 엄포에 다행스럽게도 B는 학교에 왔다. 막상 B를 마주하자 어떻게 대화를 시작해야할지 방법이 떠오르지 않았다. 만만하지 않은 성격을 가진 B와 대화하는 것은 교사인 나에게도 큰 부담이 되었다. 그렇다고 그냥 넘어갈 수도 없었다. 방법을 생각하며 직접 대면을 미루었다. 하루, 이틀, 사흘이 지났다. 시간이 너무 지난 듯 했다. 사흘이 지난 어느 날 수업 후 B를 남겼다. 당시의 상황은 묻지 않았다. 어쩌면 놀랐던 당시의 감정을 떠올리고 싶지 않았을 수도 있다.

"선생님은 이번 일로 실망을 했다. 선생님은 네가 그 정도의 일로 그런 행동을 할 학생으로 생각하지 않았다."

이런 시작에 뜻밖의 반응을 보인다. B가 말없이 고개를 숙이는 것이다. 성격 강한 학생이었기에 이렇게 쉽사리 마음을 열리라고는 기대하지 않았었다. 그런데 말없이 지나간 3일 동안 B도 많은 생각을 했던 것 같다. 그리고 학년의 남은 기간을 B와 별문제 없이 잘 보냈다. 그리고 큰 깨달음을 얻었다. 문제가 생겼을 당시 즉시 해결하려고 하는 것이 때로는 상황을 더 악화시킨다는 것이다. 교사는 가끔 해결사나 재판관이 되어야 한다는 강박 속에 빠지기도 한다. 그러나 가장 중요한 것은 학생과의 관계가 나빠지지 않아야 그 모든 것을 할 수 있다는 것이다.

관계가 깨지지 않게 하는 방법은 당시의 상황과 해당 학생의 성격에 따라 다를 것이다. 그러나 어떤 상황이 발생하면 먼저 교사가 그 문제 밖으로 나오길 권한다. 교사가 먼저 마음의 상처받지 않아야 학생들을 기다리며 바라볼 수 있다. 그리고 당시의 감정에서 빠져나와야 이성적인 대처 능력을 가질 수 있다. 작은 문제에 얽매이다 보면 더 큰 것을 잃게 된다. 그리고 100%의 해결을 꿈꾸지 말아야 한다. 교사들은 모든 문제가 완벽하게 해결되기를 바라기에 문제에 매몰되기도 한다.

관찰일지 쓰기

15년 전, 고호를 연상시키는 5학년 남학생 C의 담임이 되었다. 이 학생은 미술시간에 온통 어둡고 음침한 색으로 채운 그림을 그리곤 했다. 그 그림을 보면 나도 마음이 이상해졌다. 수업시간에는 교실 뒤 사물함 위에 올라가 앉아 기괴한 웃음을 지었다. 자신이 내려오고 싶어야 내려온다. 다행스러운 것은 혼자만의 세계에 있기 때문에 학생들과의 마찰은 많지 않았다는 것이다. 그래서 이 학생은 겉으로 큰 문제가 발견되지 않았다. 그런데 어느 날 C가 책상과 의자를 상대로 화를 표출했고 일부 의자가 망가졌다. 망가진 의자라는 증거 덕에 C의 어머니를 학교로 오시게 할 수 있었다. 어머니는 미안해하며 학생을 데려갔다. 학생을 데리고 나가는 모습을 지켜보며 '병원에 데리고 가보시면 어떨까요?' 라는 말이 입안에서 맴돌았다. 병원에서의 상담을 권유하기 어려운 시대였기 때문이다. 그 후 관찰일지를 쓰기 시작했다. 학습결과물에서도 예사롭지 않은 자료들은 모아두었다. 관찰일지의 중요성을 깨닫게 된 것이다. 그러나 이러한 준비를 해도 담임교사가 학부모에게 직접 거론하기 어렵다.

세월이 흘러 또 다른 특별한 학생을 만났다. 학기 초부터 관찰일지를 썼고 조심스럽게 그쪽 분야에 경험이 있는 전문가와 연결했다. 전문가와의 상담이 이루어졌고 상담은 성과가 있었다. 그래서 치료로 연결될 수 있었다. 특별한 학생으로 인지되는 학생을 만날 경우 교사는 관찰일지를 꼭 써 두어야한다. 그리고 이 문제를 같이 해결해 줄 가장 적절한 조력자를 찾아야만 한다.

생각맞이 평가
코칭

서순원

01. 생각맞이 평가란?
    과정중심 평가의 이해
    생각맞이 평가의 핵심은 수업설계

02. 생각맞이 평가 코칭 사례
    2장의 국어수업 평가 코칭
    3장의 도덕수업 평가 코칭
    4장의 문학수업 평가 코칭

01
생각맞이
평가란?

과정중심 평가의 이해

요즈음 교사를 비롯한 교육 전문가들 사이에서 평가방법의 변화에 대한 논의가 활발하다. 수업 코칭 과정에서도 이에 대한 논의를 빼놓을 수 없는 분위기이다. 필자도 '평가방법은 어떻게 바뀌어야 하는 것일까?'라는 질문을 스스로에게 해가며 해법을 찾아보고자 노력해 왔다. 평가의 핵심은 수업설계 속에 존재한다는 믿음을 가지고 주로 평가와 설계가 서로를 녹이는 수업설계 방법을 찾는데 관심을 기울여왔다. 특히 이론과 형식에 치우치지 않는 현장 적용이 용이한 평가방법을 찾으려 노력해 왔다. 이에 이 장에서는 이러한 평가방법의 변화에 대한 필자의 관심과 노력의 결과를 소개한다.

과정중심 평가와 피드백

평가방법은 교육의 방향에 큰 영향을 미친다. 2015 교육과정은 '학습의 과정을 중시하는 평가(과정중심 평가)'를 강조함으로써 교과의 교육목표, 교육내용, 교수·학습 및 평가의 일관성을 강화하고자 하고 있다. 또한 피드백(Feedback)을 제공할 수 있는 평가를 강조한다. 평가는 성취정도를 알아보는 것뿐만 아니라 피드백을 통해 학생의 성장을 도와줄 수 있어야 한다는 것이다. 사실 이는 당연한 내용의 제언이다. 이 당연한 말이 새로운 말처럼 등장한 이유는 무엇일까? 우리 교육이 이 당연한 일을 등한히 해왔기 때문일 것이다. 그동안 우리는 '평가'를 한 것이 아니라 '측정'을 했고 '피드백'을 준 것이 아니라 '결과통보'를 해왔다. 이와 같은 평가방식은 '수업과 평가의 분리'라는 문제를 남겼다. 이에 2015 교육과정은 수업과 분리되지 않는 평가, 피드백이 강조되는 평가를 중시함으로써 이 문제를 해결하고자 하고 있다. 이는 평가 본연의 목적을 되돌아보게 해 주고 있다.

과정중심 평가와 수행평가

'학습의 과정을 중시하는 평가(과정중심 평가)'는 '수행평가'를 제대로 하자는 것이라고 말하기도 한다. 수행평가란 학생이 가지고 있는 지식, 기능, 태도 등의 능력을 직접 수행하여 나타내 보이는 것을 평가하는 것이다. 학생이 만든 산출물이나 실제 수행능력을 평가하는 것으로 학습의 결과 뿐 아니라 학습의 과정까지 함께 측정한다. 따라서 수업과정 중에 이루어진다는 측면에서는 옳은 말이기도 하다. 현장에서는 이미 오랜 기간 동안 수행평가가 시행되고 있다. 이러한 평가유형들이 현장에서 시험지를 대체해 나가고 있다.

수행평가의 유형은 '구술 평가, 실험·실습 평가, 프로젝트 평가, 토론 평가, 포트폴리오 평가, 서술·논술 평가, 실기·실습평가, 면접 평가, 관찰 평가, 연구보고서 평가'등 다양하다. 그러나 수행평가의 어느 한 유형을 택하였다고 하여 그 평가가 진정한 수행평가로 인정받을 수 있는 것은 아니다. 예를 들면 보고서를 통해 수행평가를 실시하였다 해도 제출된 결과물에 점수만 부여했다면 결국 시험 대신 결과물에 대하여 정량화한 측정을 한 것이다. 단지 성적 산출만을 위한 평가였으므로 수행평가 유형을 적용한 평가가 이루어졌더라도 이를 진정한 수행평가라 할 수 없을 것이다. 따라서 당연히 '학습의 과정을 중시하는 평가(과정중심 평가)'와는 아주 거리가 먼 것이라 하겠다.

실제로 수행평가는 아직 본연의 목적대로 현장에 정착하지 못하고 있다. 그 이유는 수행평가의 유형과 평가방법만 강조되어 공급되었기 때문이다. 즉 수행평가가 제대로 이루어질 수 있는 수업설계의 중요성을 간과한 것이다. 수행평가가 제대로 이루어지기 위해서는 이를 실행시킬 수 있는 수업설계 모형의 개발과 보급이 중요한데 평가방법에만 매달려온 것이다.

과정중심 평가와 수업설계

'학습의 과정을 중시하는 평가(과정중심 평가)' 또한 비슷한 오류에 빠지고 있는 듯 보인다. 2015 교육과정을 '평가모형'에 집중하여 바라보는 우려되는 현상이 일어나고 있다. 수업설계가 평가의 성패를 좌우하는 것인데 평가를 개선시키겠다며 평가모형에 매달리고 있는 것이다. 매차시마다 여러 가지 평가를 실시하는 평가모형이 발표되는가 하면 심지어 평가를 위한 학습지를 만드는 수업이 설계되기도 한다. 평가방법에 대한 집중이 평가만을 위한 수업설계를 유발하기까지 한 것이다. 이는 수업을 평가를 위한 수업으로 변형시키고 교사를 평가에 매달리게 한다.

'학습의 과정을 중시하는 평가(과정중심 평가)'가 제대로 이루어지려면 먼저 수업설계가 이를 원활하게 해낼 수 있도록 이루어져야 한다. 평가모형이라는 '방법'에 매몰되지 않고 수업설계를 바라보아야 하는 것이다. 특히 평가에 따른 피드백이 학습과정 중에 함께 이루어져야 한다. 이때 피드백은 학생 개인에게 주어지기도 하지만 전체 학생들에게 주어지기도 한다. 다양한 방법과 경로를 통해 이루어지는 것이다. 적절한 피드백이야말로 이를 가능하도록 해주는 수업설계를 통해서만 실현될 수 있는 것이다. 즉 진정한 '학습의 과정을 중시하는 평가(과정중심 평가)'는 학생을 지원하기 위한 피드백의 제공 형식과 방법을 적절하게 녹인 수업설계에서만 실현될 수 있는 것이다.

생각맞이 평가의 핵심은 수업설계

'평가'라는 용어는 일방적인 '측정'이라는 의미로 이미 현장에 고착되어 있다. 그러나 2015 교육과정은 이러한 고정관념을 버릴 것을 요구하고 있다. 앞에서 기술한 바와 같이 새 교육과정이 제시한 '학습의 과정을 중시하는 평가(과정중심 평가)'는 피드백을 중요시 한다. 이 피드백은 교사와 학생의 상호교류 속에서 일어난다. 생각맞이 수업은 수업 내내 교사와 학생, 학생과 학생간의 소통이 이루어진다. 따라서 학습과정 중에 평가와 그에 따른 피드백이 매우 용이하다. 즉 생각맞이 수업은 '학습의 과정을 중시하는 평가(과정중심 평가)'의 구현에 알맞은 수업이다.

생각맞이 평가와 과정중심 평가

평가의 피로도가 높으면 수업과 평가가 일체화될 수 없다는 것을 이미 경험해 왔다. 따라서 평가는 수업 중 자연스럽게 이루어져 현장의 교사들에게 크게 부담이 되지 않아야 한다. 또한 필자는 수업계획은 평가계획과 함께 해야 하는 것이라고 생각해 왔다. 따라서 다양한 방법의 수행평가를 염두에 두고 설계를 해왔다. 그런데 이때 사용한 평가방법들은 새로운 교육과정의 평가에 대한 요구와 많은 부분에서 흡사했다. 이에 이 평가방법의 체계화의 필요성을 느끼게 되었다. 그래서 산발적으로 이루어졌던 생각맞이 수업을 위한 평가방법들을 모아서 체계화 시켜나가게 되었고 이윽고 모형화 하기에 이르렀다. 그리고 이렇게 만들어진 모형에 '생각맞이 평가'라 이름 붙였다.

생각맞이 수업은 수업설계 시 교육과정의 성취기준에서 평가를 염두에 두고 학습요소를 추출한다. 따라서 생각맞이 평가에서는 교육과정 성취기준에서 추출한 '학습요소'가 '평가요소'가 된다. 즉 평가요소를 별도로 설정할 필요가 없다. 그러므로 생각맞이 수업을 도입할 경우 '학습의 과정을 중시하는 평가(과정중심 평가)'를 용이하게 적용할 수 있다. 또 이 평가방법은 수업 중에 자연스러운 수행이 가능하다. 그리고 피드백도 용이하다. 특히 현장에서의 시험 적용을 통해 일반화 가능성이 높다는 것도 확인되었다. 따라서 앞으로 현장에 많은 도움을 줄 수 있을 것이라 기대한다.

생각맞이 평가와 수업설계

생각맞이 평가는 위에서 밝힌 바와 같이 교육과정의 성취기준에 의거하여 계획되고 운영되며 평가계획의 과정은 수업설계와 함께 한다. 그런데 수업설계와 관련된 내용은 함께 출간되는 '생각맞이 수업'에 실려 있다. 그러므로 이 책에서는 수업설계와의 관계에 대한 해설은 생략한다. 생각맞이 평가의 실무적 적용에 사용하는 장치들과 구체적인 적용방법 그리고 실제 수업에 적용한 사례들만을 다룬다. 따라서 평가계획과 수업설계의 관계와 관련해서는 설계의 흐름도 속 평가 계획의 모습만을 제시한다. 생각맞이 평가계획이 포함된 생각맞이 수업설계의 흐름은 다음 그림과 같다.

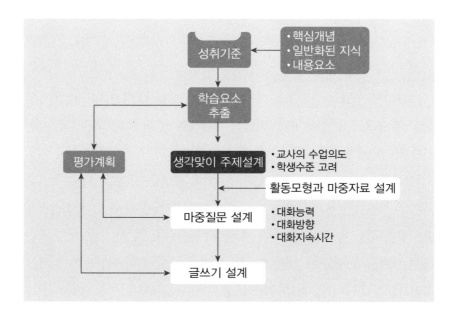

생각맞이 평가표

생각맞이 평가는 평가를 원활히 그리고 체계적으로 수행할 수 있게 해주는 장치를 마련하였다. 바로 생각맞이 평가표들이다. 이 평가표들은 평가와 관련된 각종 자료들을 입력하면 그 결과를 찾을 수 있게 해주는 서류화된 산출표로서 '평가관점표, 평가기준표, 동료평가표, 평가기록부'의 4가지이다. 생각맞이 평가표는 학생들 개개인의 능력을 한 눈에 파악할 수 있게 마련되었으며 서술을 통해 이루어지는 '질적 평가'와 수치화할 수 있는 '양적 평가'의 두 가지 기능을 모두 담을 수 있도록 하였다. 그리고 현장에서 쉽게 사용할 수 있도록 간편함을 가지게 하는 것도 고려하였다. 한번 이들 4가지의 '평가표'가 준비되면 다음 수업부터는 그 틀을 그대로 사용할 수 있으므로 평가 준비가 쉬워진다.

평가관점표 (예시)

평가요소	평가관점
평가요소 1	
평가요소 2	
평가요소 3	

평가기준표 (예시)

성취수준	교사관찰 평가	동료 평가	활동지 평가	성과물 평가
	평가요소 1	평가요소 2	평가요소 3	평가요소 4
2점				
1점				

동료평가표 (예시)

친구 격려하기	( )학년 ( )반 이름( )		
평가자			
평가요소 1			
평가요소 2			

평가기록부 (예시)

단원명					
성취기준					
평가요소	교사관찰 평가	동료 평가	활동지 평가	성과물 평가	점수 합계
	평가요소 1	평가요소 2	평가요소 3	평가요소 4	
1 김**					
2 박**					

생각맞이 평가방법

수업흐름에 따른 평가계획을 수립하면 먼저 평가관점과 평가기준을 세워 '평가관점표'와 '평가기준표'를 작성하고 '동료 평가표'와 평가기록부'를 준비한다. 그리고 실제 수업에 들어가면 위의 평가기록부(예시)에서 보여주듯 '교사관찰 평가', '동료 평가','활동지 평가‘, '성과물 평가'의 네 가지 방법을 사용하여 평가를 실행하게 된다. 이 과정은 '평가기록부'를 작성하며 수행하게 되는데 동료 평가의 경우에는 학생들이 '동료평가표'를 작성하고 그 결과가 '평가기록부'에 옮겨지게 된다.

'교사관찰 평가'는 학생들의 활동 참여도뿐만이 아니라 개별 면접 등과 같은 방법으로 평가가 이루어진다. 즉 교사관찰 평가는 교사의 전문성에 바탕을 둔 주관적인 평가를 의미한다.

'동료 평가'는 학생들이 활동내용을 서로 평가하는 방법이다. 주로 생각맞이 활동을 할 때 이루어진다. 학생들이 서로를 평가하면서도 자연스럽게 활동을 이어 나갈 수 있도록 평가방법이 복잡하거나 어렵지 않도록 설계하는 것이 중요하다.

'활동지 평가'란 활동기록을 평가하는 것으로서 여기서 활동지란 학생들이 활동 중에 수행한 내용의 기록을 통칭한다. 교과서에 기록한 내용, 공책에 기록한 내용, 붙임쪽지에 기록된 내용, 모둠활동 결과물, 생각맞이 글쓰기, 활동지 등이 포함된다. 생각맞이 수업은 평가를 위해 별도의 활동지 만드는 것을 최소화하는 것을 원칙으로 한다. 따라서 활동의 기록물에 가능한 한 본인의 이름을 기록하여 평가의 자료로 삼는다.

마지막으로 '성과물 평가'는 단원을 마치면서 생성되는 결과물을 평가하는 것이다. 이 성과물은 교과에 따라 다양하게 남겨진다. 개인이나 모둠원의 창작물, 과제수행 결과, 프로젝트 결과물 등이 모두 포함된다. 이러한 성과물에 대한 평가 결과는 가장 눈에 띄는 비중 높은 평가 과정이다. 따라서 동료 평가와 연관시켜 교사에 의해서만 이루어지지 않도록 함으로써 결과에 대한 신뢰도를 높이는 것을 고려하여야 한다. 또 그 결과가 피드백으로 연결되도록 하는 것에도 관심을 기울여야 한다.

생각맞이 평가의 평가기준

평가기준은 명확해야 함에도 불구하고 판단의 근거가 명확하지를 않아서 그 기준을 의미 없게 만들어버리는 경우가 매우 많다. 때로는 평가

등급을 위해 평가기준이 억지스럽게 만들어진 느낌이 드는 경우도 있다. 이는 여러 가지 이유에 기인한 것이겠지만 평가를 할 때마다 '상, 중, 하'의 3단계로 구분해야 한다는 고정관념도 큰 영향을 주고 있다. 3단계의 평가기준을 분석해보면 '구체적이다, 일반적이다, 부족하다'와 같이 추상적이며 주관적인 기준이 많다. 학생들 간의 동료 평가는 세분화된 기준을 만들기가 더 어려움에도 불구하고 이러한 3단계의 평가기준이 대부분 적용된다.

생각맞이 평가의 세부항목에 대한 평가는 대부분 2단계의 평가 등급을 적용한다. 2단계 평가가 더 쉽고 객관적일 경우가 많기 때문이다. 또 세부 항목은 2단계로 평가하지만 이어서 소개할 평가기록부의 예시를 보면 여러 세부항목의 평가결과를 수치화해서 최종 단계에서 집계하는 것을 확인할 수 있다. 이때 필요에 따라 평가결과를 여러 단계로 다시 구분할 수 있다. 만약 '상·중·하' 세 단계의 평가결과가 반드시 필요할 경우라면 수치화된 합계 점수를 기준으로 하여 다시 분류하면 된다.

그런데 모든 항목을 2단계로 평가했기에 특별히 우수한 학생의 능력이 기록에 잘 나타나지 않는다. 따라서 그러한 학생에 대해서는 평가기록부의 점수 옆에 '*'와 같은 표시를 한다. 이렇게 해 두면 학생에 대한 특성파악에 매우 큰 도움이 된다. 또 피드백을 주거나 성적표를 서술형으로 작성할 때도 매우 유용하다. 이러한 기준에 따라 작성하는 평가기록부는 평가에 대한 부담을 줄이면서도 각 학생별 특성을 효과적으로 담아낼 수 있다. 따라서 현장에서 매우 유용한 평가 도구가 될 것이다.

02
생각맞이 평가
코칭 사례

　'학습의 과정을 중시하는 평가(과정중심 평가)'의 핵심은 '학생의 성장을
돕기 위한 피드백'이다. 지금까지 교사들이 그 부분에 소홀했다. 이에 대
한 반성을 교사들이 해야 함은 분명하다. 그런데 만약 피드백의 강조가
본질을 벗어나 증거 남기기에 급급한 강요된 피드백으로 변질된다면 학
생들에게 돌아가야 할 피드백은 행정적인 서류 안에 가두어 질 것이다.
'학습의 과정을 중시하는 평가(과정중심 평가)'의 성공 여부는 피드백의 증
거물이 아닌 자연스럽게 피드백이 이루어지도록 해주는 수업의 변화가 결
정할 것이기 때문이다.

　이제부터 교사와 학생 간 그리고 동료 간에 수업 중 또는 수업 후 활
발하게 이루어지는 피드백의 과정을 담은 생각맞이 평가 사례를 소개한
다. 이 사례들은 2장, 3장, 4장에서 소개하였던 수업과 관련된 것들이다.
따라서 2장, 3장, 4장의 수업 내용을 다시 한 번 확인 한 후 내용을 살피
면 쉽게 이해할 수 있을 것이다.

2장의 국어수업 평가 코칭

다음은 2장의 '02 새로운 수업을 시도한 임상장학'에서 소개되었던 한 차시로 이루어진 국어과 수업의 평가 계획이다.

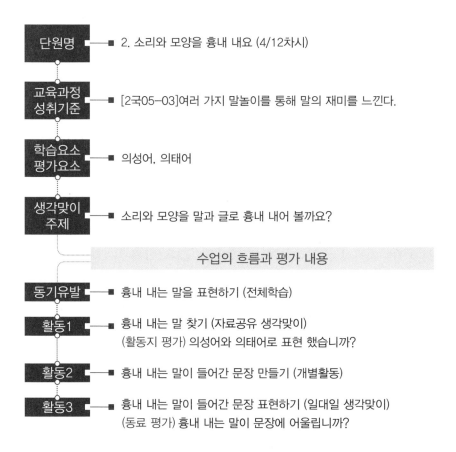

단원명 ■ 2. 소리와 모양을 흉내 내요 (4/12차시)

교육과정 성취기준 ■ [2국05-03]여러 가지 말놀이를 통해 말의 재미를 느낀다.

학습요소 평가요소 ■ 의성어, 의태어

생각맞이 주제 ■ 소리와 모양을 말과 글로 흉내 내어 볼까요?

수업의 흐름과 평가 내용

동기유발 ■ 흉내 내는 말을 표현하기 (전체학습)

활동1 ■ 흉내 내는 말 찾기 (자료공유 생각맞이)
　　　　(활동지 평가) 의성어와 의태어로 표현 했습니까?

활동2 ■ 흉내 내는 말이 들어간 문장 만들기 (개별활동)

활동3 ■ 흉내 내는 말이 들어간 문장 표현하기 (일대일 생각맞이)
　　　　(동료 평가) 흉내 내는 말이 문장에 어울립니까?

이 수업의 평가는 학생들이 활동지(붙임쪽지)에 수록한 결과의 성취정도를 평가하는 활동지 평가와 생각맞이 대화를 하면서 동료 평가를 통하여 점검하는 방식으로 진행하도록 계획하였다.

위의 평가계획표에서 보는바와 같이 이 수업에서는 활동1과 활동3에서 평가가 실시되는데 먼저 '의성어와 의태어로 표현 했습니까?'라는 활동지(붙임쪽지) 평가가 활동1에서 이루어진다. 이 활동지 평가에서는 자료공유 생각맞이 활동에 쓰인 붙임쪽지가 평가 자료가 된다. 활동1은 의성어와 의태어를 찾는 단순한 활동이고 활동2는 의성어와 의태어를 넣은 문장을 만드는 보다 심화단계의 활동이다. 만약 학급의 대부분 학생들의 학습능력이 우수한 경우라면 활동지 평가를 활동2의 단계에서 평가하는 것을 권한다. 이 수업에서는 임상장학이라는 수업의 특수성을 고려하여 활동1에서 활동지 평가를 하는 것으로 계획하였다. 활동2에서 평가를 실시하게 되면 평가 내용을 '문장과 흉내 내는 말이 어울립니까?'라는 심화된 내용으로 대체할 수 있다.

동료 평가는 활동2에서 만든 문장을 활동3에서 학생들이 서로 표현하며 하도록 하였다. '동료평가표'는 친구의 장점을 칭찬해 주며 활동하기를 바라는 마음을 담아 '친구 격려해주기'로 명칭을 바꾸어 제시하였다. 평가단계는 '잘했어요.'와 '아쉬워요.'의 두 단계이며 초등학교 1학년 학생에 어울리게 점수나 글이 아닌 하트(♡)와 동그라미(○)로 표시하도록 하였다. 물론 '평가기록부'에는 '2점과 1점'으로 점수화시켜 기록하면 된다.

평가관점표

평가요소	평가관점
의성어 의태어	의성어와 의태어를 찾은 수의 기준을 정해 '알고 있음'과 '알지 못함'으로 평가한다.
문장 속 흉내 내는 말	문장 속에 흉내 내는 말(의성어, 의태어)을 적절하게 사용했는지를 동료 평가표의 점수를 기준으로 평가한다.

평가요소와 평가기준

성취수준	활동지 평가	동료 평가
	의성어, 의태어	문장 속 흉내 내는 말
2점	2개 이상 찾음	평가자의 1/2 이상이 인정함
1점	2개를 찾지 못함	평가자의 1/2의 인정을 받지 못함

　활동지의 평가기준은 그 학급 학생의 학습능력에 맞게 교사가 양과 수준을 조절하여 제시하게 된다. 이 평가에서는 두 개 이상의 의성어나 의태어를 찾아내는 것으로 기준을 삼았다. 한편 동료 평가의 기준은 이를 명확하게 하기 위해 '생각맞이 막대'[1]나 동료평가표를 활용하면 좋다. 이 수업에서는 동료평가표를 활용했다.

동료평가표

친구 격려하기		(1)학년 (2)반 이름(홍 길 동)			
흉내 내는 말이 문장에 어울립니까?		♡는 잘했어요. ○는 아쉬워요.			
평가자 평가요소	김**	박**	이**	조**	합계
표정과 몸짓	♡	♡	♡	○	
문장과 어울림	♡	○	○	○	

---

1) 함께 출간하는 생각맞이 수업의 3장에 상세히 설명되어 있다.

이 수업에서는 의성어와 의태어를 바르게 알고 있는지에 중점을 두면 되므로 '문장과 어울림'의 한 요소만 평가해도 된다. 그러나 '표정과 몸짓'이라는 평가요소를 추가하여 여러 개의 성취기준을 함께 달성하고자 하였다. 또 이 동료평가표에는 평가를 담당한 동료 평가자의 이름을 기록하도록 했다. 이는 평가에 대한 책임감을 부여하기 위함이다.

평가기록부

단원명	2. 소리와 모양을 흉내 내요 (4/12차시)		
성취기준	[2국05-03]여러 가지 말놀이를 통해 말의 재미를 느낀다.		
평가요소	활동지평가	동료 평가	점수 합계
	의성어·의태어	문장 속 흉내 내는 말	
1 강**	2	2	4
2 고**	2	1	3

위의 평가 내용은 12차시로 이루어진 단원 중의 한 차시의 평가기록이다. 따라서 한 단원 전체의 평가 결과를 모으게 되면 다양한 평가요소와 평가방법에 의한 결과가 기록으로 남게 된다. 이와 같이 평가 결과는 평가기록부에 충실하게 기록이 된다. 이러한 평가 방식은 분명한 근거에 의해 평가가 이루어지기 때문에 '성적 부풀리기' 논란에서 벗어날 수 있다. 또 질적인 평가와 양적인 평가가 동시에 일어나므로 질적인 평가에 치우쳐 '상대적 우열 판별이 어렵다.'는 문제제기도 완화시킬 수 있다. 그러나 평가의 목적은 기록을 남기기 위함만은 아니다. 피드백이 적절하게 주어졌는지에 대한 성찰이 따라야 한다. 다음은 이 수업의 피드백 계획이다.

활동지 평가 에 대한 피드백

활동1은 제시된 그림에 어울리는 '흉내 내는 말'을 붙임쪽지에 실명으로 적는 활동이다. 그 붙임쪽지의 내용을 교사가 '의성어와 의태어로 표현했습니까?'라는 내용으로 평가하여 평가기록부에 결과를 기록한다. 그 결과를 통해 학습 성취수준을 판단하게 된다. 학생 대부분이 이해하였다면 기준에 도달하지 못한 소수의 학생을 대상으로 개별 지도가 이루어져야 한다. 그런데 개별지도가 꼭 그 학생을 별도로 남겨서 해야만 하는 것은 아니다. 개별 피드백이 필요한 학생들에게 수업 중에 자연스럽게 피드백을 줄 수 있는 방법들이 있다.

먼저 다음 차시에 전 차시 학습을 되돌아보기를 하면서 피드백이 필요한 선별된 학생들에게 별도의 피드백을 주는 방법이 있다. 예를 들면 전 차시에 사용했던 그림을 선별된 학생이 제시하며 전체 학생에게 돌면서 한 번씩 관련된 의성어와 의태어를 말하게 하고 그 내용을 따라하게 한다. 이 과정에서 해당 학생은 충분히 피드백을 받게 된다. 이 때 유의할 점은 발표자 선택의 과정을 '선별된 학생'이라는 것을 다른 학생들이 알지 못하도록 진행하여야 한다는 점이다. 이 방법은 수업 중에 자연스럽게 피드백을 줄 수 있다는 장점이 있다.

또 다른 방법은 학생들이 기록한 붙임쪽지를 활용하는 방법이다. 개별 지도가 필요한 학생들이 정해지면 그들에게 활동지 그림과 다른 학생들이 기록한 붙임쪽지를 제공하고 그 붙임쪽지를 활동지 그림에 붙이도록 한다. 그 다음 붙임쪽지를 전부 뗀 후 기억에 남는 의성어와 의태어를 빈 붙임쪽지에 써서 다시 붙이도록 한다. 한글을 쓰는 것이 서툰 학생이라면 다른 학생의 붙임쪽지를 떼어낼 때 붙임쪽지를 보면서 쓰도록 하는 방법을 택할 수도 있다. 이러한 방법은 학습능력이 매우 낮은 학생에게 유용하다.

만약 전체 학생들의 성취수준이 낮을 경우는 한 차시 수업을 더 계획하여 전체 학생들에게 피드백을 제공하는 것을 고려하여야 할 것이다.

동료 평가에 대한 피드백

활동 3에서 일대일 생각맞이 활동을 수행하면서 '흉내 내는 말이 문장에 잘 어울립니까?'라는 내용의 동료 평가가 이루어진다. 활동 3에서는 문장을 만든 학생의 표현을 짝이 따라하게 된다. 이 때 학생들 사이에서는 상대의 문장을 주고받으며 표현을 해봄으로써 자연스럽게 피드백이 오고가게 된다. 짝으로부터 문장과 어울리는 의성어와 의태어를 배우게 되는 것이다. 또한 문장에 어울리지 않는 의성어와 의태어가 동료에 의해 수정되기도 한다. 이 단계가 바로 가장 왕성한 개별 피드백 제공이 일어나는 기회이다.

3장의 도덕수업 평가 코칭

3장의 '04 정답 찾기를 벗어버린 도덕 수업'에 대한 사례로서 4차시로 이루어진 한 단원의 평가 계획이다.

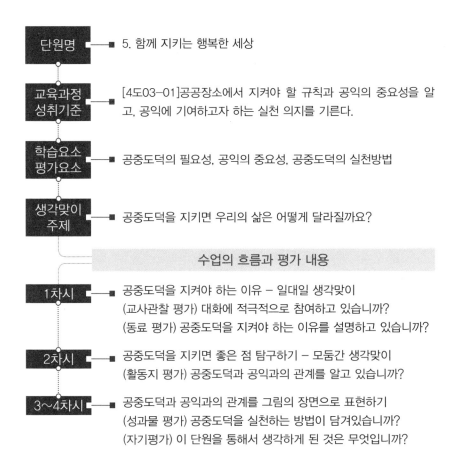

단원명 ▶ 5. 함께 지키는 행복한 세상

교육과정 성취기준 ▶ [4도03-01]공공장소에서 지켜야 할 규칙과 공익의 중요성을 알고, 공익에 기여하고자 하는 실천 의지를 기른다.

학습요소 평가요소 ▶ 공중도덕의 필요성, 공익의 중요성, 공중도덕의 실천방법

생각맞이 주제 ▶ 공중도덕을 지키면 우리의 삶은 어떻게 달라질까요?

수업의 흐름과 평가 내용

1차시 ▶ 공중도덕을 지켜야 하는 이유 – 일대일 생각맞이
(교사관찰 평가) 대화에 적극적으로 참여하고 있습니까?
(동료 평가) 공중도덕을 지켜야 하는 이유를 설명하고 있습니까?

2차시 ▶ 공중도덕을 지키면 좋은 점 탐구하기 – 모둠간 생각맞이
(활동지 평가) 공중도덕과 공익과의 관계를 알고 있습니까?

3~4차시 ▶ 공중도덕과 공익과의 관계를 그림의 장면으로 표현하기
(성과물 평가) 공중도덕을 실천하는 방법이 담겨있습니까?
(자기평가) 이 단원을 통해서 생각하게 된 것은 무엇입니까?

평가관점표

평가요소	평가관점
참여도	학생들의 참여도를 교사가 관찰하면서 '참여' 여부에 따라 평가한다.
공중도덕의 필요성	동료 평가로 진행되며 공중도덕을 지켜야 하는 이유를 잘 설명하면 '생각맞이 막대'로 서로 보상해준다. 활동이 끝난 후 그 막대수를 기준으로 평가한다.
공익의 중요성	활동지에 기록한 내용이 공익과 관련이 있는지의 여부에 따라 평가한다.
공중도덕 실천방법	학생들이 그린 그림의 내용을 파악하여 공중도덕의 바른 실천방법이 나타나 있는지를 평가한다.

평가기준표

성취수준	교사관찰 평가 참여도	동료 평가 공중도덕의 필요성	활동지 평가 공익의 중요성	성과물 평가 공중도덕 실천방법
2점	적극적으로 참여함	평가자의 1/2이상 인정함	공익과 관련 있음	실천방법이 나타남
1점	적극적으로 참여하지 못함	평가자의 1/2의 인정을 받지 못함	공익과 관련없음	실천방법이 나타나지 않음

　도덕교과의 평가는 현장에서의 실천의 여부를 평가해야 하는 경우가 더 많다. 그리고 일회성의 평가보다는 누가기록에 의한 평가가 더 바람직하다. 따라서 본 단원의 평가도 그러한 방법으로 이루어질 수 있다. 즉 학교에서 지켜야 할 공중도덕 항목의 누가기록표를 만들어 동료평가로 진행하면 된다. 이때 학교 외에서 지켜야 하는 공중도덕을 몇 개 더 선정하여 자기평가를 병행할 수도 있다.

평가기록부

단원명	5. 함께 지키는 행복한 세상				
성취기준	[4도03-01]공공장소에서 지켜야 할 규칙과 공익의 중요성을 알고, 공익에 기여하고자 하는 실천 의지를 기른다.				
평가요소	교사관찰 평가	동료 평가	활동지 평가	성과물 평가	점수 합계
	참여도	공중도덕의 필요성	공익의 중요성	공중도덕 실천방법	
1 김**	2	1	2*	2*	7
2 박**	2*	2	2	1	7

　　이상은 도덕과 수업의 평가계획과 그에 따른 평가표들이다. 이들의 작성과 운용에 대한 설명은 앞의 국어과 평가사례를 참조하기를 바라면서 생략한다. 그런데 위에서 유의해서 보아야 할 점은 평가기록부에 기입된 '*' 표시이다. 이 표시는 그 학생의 특별한 능력을 나타내는 것이다. 평가기록부에 의하면 두 명의 학생이 점수의 합이 같다. 그렇지만 평가요소에 따른 세부 요소별 점수와 '*'의 표시가 다르다. 따라서 점수는 같아도 각 학생에 주어질 피드백은 달라질 것이다. 이때 '*' 표시가 피드백의 방향을 잡아주는 기능을 해 준다. 또 평가기록을 서술하여 정리할 때에도 많은 도움을 준다.

교사관찰 평가에 대한 피드백

　　'대화에 적극적으로 참여하고 있습니까?'가 교사관찰 평가의 내용이다. 이 활동은 일대일 생각맞이로 이루어지기 때문에 학생들을 관찰할 시간이 많아진다. 생각맞이 대화에 적극적으로 참여하지 못하는 학생을 관찰하게 되면 그 학생에게 다가가서 이유를 찾아 대화에 참여하도록 유도할 수 있다. 그러나 교사관찰 평가는 본 단원의 평가요소와는 관련이 없다. 따라서 다른 평가요소로 교체해도 된다.

동료 평가에 대한 피드백

'공중도덕을 지켜야 하는 이유를 설명하고 있습니까?'라는 동료 평가는 일대일 생각맞이 활동과 함께 이루어진다. 따라서 잘 설명하지 못하는 학생에게는 짝이 자연스럽게 도움(피드백)을 주게 된다. 또한 짝을 바꿔가며 반복하여 설명을 주고받으면서 공중도덕을 지켜야 하는 이유를 스스로 깨닫게 된다. 그리고 점차 설명하는 내용이 도달해야 할 수준을 향해서 나아가게 된다. 이 과정이 바로 개인 맞춤형 피드백이다.

활동지 평가에 대한 피드백

'공중도덕과 공익과의 관계를 알고 있습니까?'라는 활동지 평가는 모둠간 생각맞이를 통해 이루어진다. 모둠간 생각맞이 과정에서는 학생들 상호간에 학습요소와 관련된 활발한 의견 교환이 있게 된다. 이때 피드백이 자연스럽게 서로에게 제공된다.

성과물 평가에 대한 피드백

성과물 평가는 '공중도덕을 실천하는 방법이 담겨있습니까?'라는 내용으로 이루어진다. 성과물 중에 지켜야 할 공중도덕의 빠진 장면을 수업 후에도 일정기간 동안 내용을 계속 보충시켜 나간다. 이는 일차적으로 주어지는 피드백이다. 정해진 기간이 지나면 학생들이 그린 장면을 하나로 묶어 책으로 만든다. 이 책을 교실에 비치하여 학생들이 지속적으로 관심을 가지게 한다. 즉 이 책을 통해 학생들은 지속적으로 피드백을 받는다. 또한 이 단원의 성취기준에 도달하지 못한 학생이 있다면 이 책을 중심으로 개별 피드백을 줄 수 있다.

4장의 문학수업 평가 코칭

다음은 4장의 '04 생각맞이 독서수업'과 관련된 생각맞이 평가 계획으로서 작품 하나를 교재로 하여 10차시에 걸쳐 진행된 독서수업에 대한 평가 사례이다.

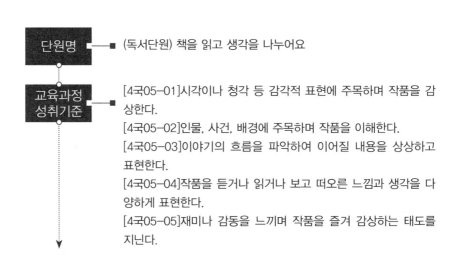

단원명 ━■ (독서단원) 책을 읽고 생각을 나누어요

교육과정 성취기준 ━■ [4국05-01]시각이나 청각 등 감각적 표현에 주목하며 작품을 감상한다.
[4국05-02]인물, 사건, 배경에 주목하며 작품을 이해한다.
[4국05-03]이야기의 흐름을 파악하여 이어질 내용을 상상하고 표현한다.
[4국05-04]작품을 듣거나 읽거나 보고 떠오른 느낌과 생각을 다양하게 표현한다.
[4국05-05]재미나 감동을 느끼며 작품을 즐겨 감상하는 태도를 지닌다.

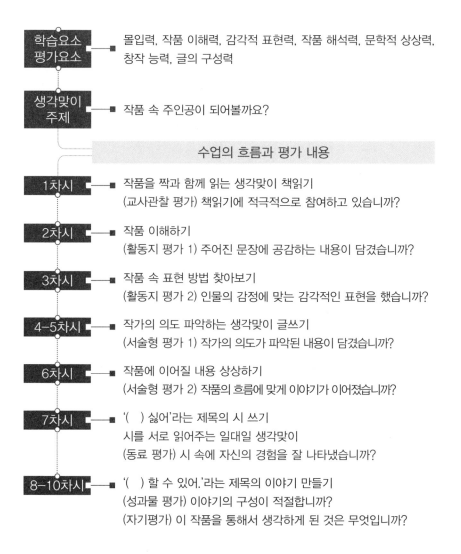

학습요소 평가요소	몰입력, 작품 이해력, 감각적 표현력, 작품 해석력, 문학적 상상력, 창작 능력, 글의 구성력
생각맞이 주제	작품 속 주인공이 되어볼까요?

수업의 흐름과 평가 내용

1차시	작품을 짝과 함께 읽는 생각맞이 책읽기 (교사관찰 평가) 책읽기에 적극적으로 참여하고 있습니까?
2차시	작품 이해하기 (활동지 평가 1) 주어진 문장에 공감하는 내용이 담겼습니까?
3차시	작품 속 표현 방법 찾아보기 (활동지 평가 2) 인물의 감정에 맞는 감각적인 표현을 했습니까?
4-5차시	작가의 의도 파악하는 생각맞이 글쓰기 (서술형 평가 1) 작가의 의도가 파악된 내용이 담겼습니까?
6차시	작품에 이어질 내용 상상하기 (서술형 평가 2) 작품의 흐름에 맞게 이야기가 이어졌습니까?
7차시	'( ) 싫어'라는 제목의 시 쓰기 시를 서로 읽어주는 일대일 생각맞이 (동료 평가) 시 속에 자신의 경험을 잘 나타냈습니까?
8-10차시	'( ) 할 수 있어.'라는 제목의 이야기 만들기 (성과물 평가) 이야기의 구성이 적절합니까? (자기평가) 이 작품을 통해서 생각하게 된 것은 무엇입니까?

독서수업은 평가에서도 벗어나 작품을 자유롭게 이해하고 사랑하게 하는 것이 더 중요하다. 따라서 위의 예시는 수업시간이 부족할 경우 통합하여 국어과 성취기준을 함께 달성할 경우를 제시한 것이다.

국어능력은 모든 교과의 학습능력을 좌우한다. 따라서 평가요소가 주어졌는지의 여부와는 관계없이 국어능력 향상을 위한 지속적인 피드백이 주어져야 한다. 본 단원에서는 글을 쓰는 활동이 많이 포함되어 있다. 따라서 기록된 학생의 글들이 '어법과 맞춤법'에 맞는 문장으로 이루어졌는지를 반드시 확인해야 한다. 그러나 글쓰기를 할 때마다 이에 대한 피드백을 일대일로 공급하는 것은 불가능하다. 따라서 매 차시 마다 학생들이 서로의 글을 돌려보며 문장을 고쳐주는 시간을 5분 정도 가지기를 권한다. 국어시간에는 특히 이러한 방법의 피드백을 통해 국어능력이 부족한 학생들에 대한 지도를 꾸준히 해 나가야 한다.

평가관점표

평가요소	평가관점
몰입력	학생들이 책을 읽는 모습을 관찰하면서 참여도를 평가할 수 있다.
작품 이해력	글을 적는 붙임쪽지에 문장에 공감하는 내용이 구체적으로 담겼는지를 평가한다.
감각적 표현력	인물의 성격에 따른 감각적인 표현을 어울리게 했는지를 평가한다. ( )개 이상의 기준을 설정하면 된다.
작품 해석력	주어진 글의 틀에 따라 나름대로 작가의 의도를 담았는지를 평가한다.
문학적 상상력	이야기의 흐름에 어울리게 이어지는 이야기를 상상했는지를 평가한다.
창작 능력	경험을 글로 잘 표현했는지를 평가한다. '생각맞이 막대'를 평가도구로 활용한다.
이야기 구성력	창작물이므로 평가기준은 다양하게 제시될 수 있다. 본 예시에서는 이야기 스토리 구성에 중점을 두어 평가한다.

평가기준표

성취수준		2점	1점
교사 관찰 평가	참여도	적극적으로 참여함	적극적으로 참여하지 못함
활동지 평가 1	작품 공감도	주어진 문장에 공감하는 내용이 담김	주어진 문장에 공감하는 내용이 담기지 않음
활동지 평가 2	감각적 표현력	적절한 감각적 표현을 3개 이상 찾음	적절한 감각적 표현을 3개 이상 찾지 못함
서술형 평가 1	작품 이해도	논리적으로 전개함	논리적으로 전개하지 못함
서술형 평가 2	상상력	이야기 흐름에 맞음	이야기 흐름에 맞지 않음
동료 평가	작품감상	시의 내용을 전달함	시의 내용을 전달하지 못함
성과물 평가	이야기 구성력	이야기의 흐름이 일관성이 있음	이야기의 흐름이 일관성이 없음

교사관찰 평가에 대한 피드백

교사관찰 평가의 내용은 '책읽기에 적극적으로 참여하고 있습니까?'이다. 이 평가는 짝과 함께 '생각맞이 책 읽기'를 하는 활동으로 이루어졌다. 대부분 재미있게 책을 읽기 때문에 교사의 별도의 피드백을 요구하지 않을 것이다. 단 학습능력이 매우 뒤처지는 학생의 경우가 학급에 한두 명 있을 것이다. 이 학생들도 짝과 같이 책을 읽을 수 있도록 도움을 주어야 하는데 이때 교사가 학생과 함께 '생각맞이 책 읽기'[2]를 하며 개별 피드백을 주면 매우 좋다.

---

2)이 방밥은 '생각맞이 수업'의 '생각맞이 책 읽기'에 안내되어 있다.

평가기록부

단원명	(독서단원) 책을 읽고 생각을 나누어요							
성취기준	[4국05-01]시각이나 청각 등 감각적 표현에 주목하며 작품을 감상한다. [4국05-02]인물, 사건, 배경에 주목하며 작품을 이해한다. [4국05-03]이야기의 흐름을 파악하여 이어질 내용을 상상하고 표현한다. [4국05-04]작품을 듣거나 읽거나 보고 떠오른 느낌과 생각을 다양하게 표현한다. [4국05-05]재미나 감동을 느끼며 작품을 즐겨 감상하는 태도를 지닌다.							
평가요소	교사관 찰평가	활동지 평가	활동지 평가	서술형 평가	서술형 평가	동료 평가	성과물 평가	점수 합계
	몰입력	작품 이 해력	감각적 표현력	작품 해석력	문학적 상상력	창작 능력	이야기 구성력	
1 김**	2	2	1	2	2*	2	2*	13
2 박**	2	1	2	1	1	1	1	9

활동지1의 평가에 대한 피드백

'주어진 문장에 공감하는 내용이 담겼습니까?' 라는 활동지 평가는 학생들이 활동지에 쓴 문장에 친구들이 공감하는 문장을 붙임쪽지에 기록하여 붙이며 이루어진다. 그런데 이 활동은 자료공유 생각맞이를 하면서 친구들이 쓴 문장을 계속 읽으면서 추가해 나가기 때문에 앞 선 친구들의 작성 내용을 보면서 자연스럽게 배워나가게 된다. 즉 피드백을 받으면서 활동이 계속 진행되는 것이다. 활동이 끝난 후에는 크게 공감을 받았다고 생각하는 문장 하나를 학생들이 선택해서 발표하게 된다. 이때 교사는 발표되는 문장을 중심으로 전체 학생들에게 피드백을 제공한다.

활동지2의 평가에 대한 피드백

'인물의 감정에 맞는 감각적인 표현을 했습니까?'라는 평가요소가 담긴 활동에 대한 피드백은 앞에서의 2장의 '흉내 내는 말'에 대한 수업에서 제시한 비슷한 방법으로 줄 수 있다. 단 '흉내 내는 말'은 초등학교 1학년 학생 대상이었으므로 그 방법에서 차이만 두면 된다.

서술형 평가에 대한 피드백

이 수업의 평가계획에는 2개의 서술형 평가가 포함되어 있다. '작가의 의도가 파악된 내용이 담겼습니까?' '작품의 흐름에 맞게 이야기가 이어졌습니까?'가 서술형 평가 항목들이다. 그런데 이 수업은 문학수업이다. 따라서 작품을 감상하며 해석하는 것은 학생의 주관에 따르는 것이므로 정답을 제시하는 피드백은 어려울 것이다. 따라서 교사는 멋진 글을 전체 학생들과 함께 읽으며 잘된 점을 나누는 과정에서 문학수업에 필요한 피드백을 제공한다. 그리고 글쓰기에서 개별적인 지도가 필요한 학생에 대해서는 별도의 프로그램을 계획한다.

동료 평가에 대한 피드백

'시 속에 자신의 경험을 잘 나타냈습니까?'라는 내용의 동료 평가가 일대일 생각맞이를 통해 이루어진다. 이 평가는 문학수업에 대한 것이므로 친구가 지은 시에서 잘된 점을 칭찬하는 방식의 피드백을 준다.

성과물 평가에 대한 피드백

'이야기의 구성이 적절합니까?'라는 내용은 학생들이 만든 이야기에 대한 평가이다. 이 평가에 대한 피드백은 학생들이 만든 이야기를 교실의 한 부분에 전시한 후 수업 이외의 시간에 학생들이 읽으면서 소감을 붙임 쪽지에 적어 제공하는 동료 평가로 진행할 수 있다. 또는 교사가 학생들의 작품을 읽고 개별적인 피드백을 주는 방법도 있다. 이때 특별히 우수한 학생이나 국어능력이 뒤처지는 학생에 대한 기록을 남기면서 지속적인 격려와 보충지도가 필요하다.

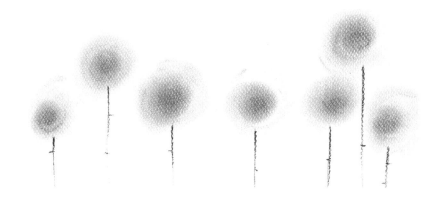

2부

생각맞이 수업 코칭이
만들어낸 수업들

2부에서는 수업공개를 위해 코칭이 이루어졌던 생각맞이 수업들을 소개한다. 수업공개를 위해 설계되었기 때문에 한 차시 분량의 수업이다. 이 책과 함께 출간된 '생각맞이 수업'에 지면 관계상 미처 실리지 못한 수업들로서 '기본설계'된 수업들이다. '기본설계'를 적용하였으므로 쉽게 적용할 수 있는 수업들이다. 즉 앞으로 소개되는 수업들은 생각맞이 수업의 적용을 시작하려는 교사들에게 좋은 사례 자료가 될 것이다. 그러나 수업의 설계 방법에 대하여 자세히 알고 싶은 독자는 함께 출간된 '생각맞이 수업'을 참고하기 바란다.

한편 이 수업들은 처음 설계된 내용을 수업을 마친 후 보완하고 수정한 것들이며, 필자가 코칭을 통해 참여한 수업들이지만 독자들의 이해를 돕기 위해 수업자의 입장에서 기술하였다.

수업공개 시 생각맞이 수업을 적용해 보세요

　수업 코칭은 수업자의 수업개선을 위한 수업방법의 변화에 철저하게 초점이 맞추어져야 한다. 그러나 동시에 수업공개를 위한 수업 코칭이기도 하기에 참관자들에게 보여주기 위한 시각적으로 화려한 기법도 갖춰야 한다. 생각맞이 수업은 학생중심의 새로운 수업방법과 참관자의 시선을 모을 수 있는 활동을 모두 갖추고 있다. 40분이라는 제한된 시간 속에 두 가지 목적을 달성해야 한다는 부담을 생각맞이 수업을 통해 해결할 수 있는 것이다. 따라서 수업공개 시 이 수업들을 참고하여 생각맞이 수업을 적용해보기를 권한다.

생각맞이로 디자인 된 도덕수업

8 장

01. 3학년 도덕 '생명존중'
    교과통합을 시도해요
    교육과정 분석
    수업의 실제

02. 6학년 도덕 '크고 아름다운 사랑'
    준법과 용서는 모두 사랑이다.
    교육과정 분석
    마중질문
    수업의 실제

01
3학년 도덕
'생명존중'

교과통합을 시도해요

이 수업은 2017년 북부교육지원청 수업 나눔 기간에 이루어진 시범수업이다. 시범수업에서는 시사점이 담긴 수업을 보여주는 것이 필요하다. 필자는 국어능력이 생각의 깊이를 결정하는데 있어 매우 중요한 요소라고 생각한다. 생각은 언어를 통해서 이루어지고 전달되기 때문이다. 그래서 학생들의 국어능력을 향상시키는 수업을 중요하게 생각해왔다. 그러나 요즘 창의적 수업, 학생중심 수업 등이 주목을 받는 것에 비해 국어수업은 상대적으로 관심에서 밀려나있다. 그래서 다른 과목을 통해서도 학생들의 국어능력이 향상될 수 있도록 통합하여 진행할 수 있는 수업을 지향해왔다. 또한 국어가 지니는 중요한 특성 중에 하나는 다른 교과의 학습 및 비교과 활동과 범교과적으로 연계될 수 있다는 점이다. 따라서 학생들의 기초적인 국어능력의 향상을 위한 수련이 도덕수업과 함께 이루어지도록 수업을 설계하였다.

이 수업의 도덕과 주제는 '생명존중'이다. '생명존중'을 주제로 하는 수업에서 가장 중요하게 다루어야 할 부분은 생명을 존중하는 마음을 가지게 하는 것이다. 물질만능주의라는 현대사회의 병리적 경향이 생태환경 뿐 아니라 인간의 생명까지도 경시하도록 사회를 조장하고 있다는 경고가 이미 오래전부터 있었다. 일부에서는 지금의 학생들은 현실과 게임 속을 오가고 있기에 생명체에 대한 감정이 지난 세대의 사람들과 다르다고도 한다. 이러한 상황 속에서 학생들에게 인간의 생명과 자연을 존중하고 사랑하는 삶의 자세를 길러주는 것은 더욱 중요해졌다. 그런데 생명을 존중하는 마음은 그 생명이 나의 삶과 관계가 있음을 깨달았을 때 생길 수 있다. 따라서 생명과 나의 관계를 '생명그물 만들기' 활동을 통해 인식할 수 있도록 설계하였다. 이 '생명그물 만들기'는 2009교육과정에 따른 교과서에 제시된 한 활동이었다. 이 활동을 국어과의 기본문장 만들기와 통합하여 설계한 내용을 소개한다.

교육과정 분석

이 수업은 도덕교과 성취기준 '[4도04-01]생명의 소중함을 이해하고 인간 생명과 환경 문제에 관심을 가지며 인간 생명과 자연을 보호하려는 태도를 가진다.'와 국어교과 '[4국04-03]기본적인 문장의 짜임을 이해하고 사용한다.'를 통합하였다. 교육과정의 성취기준으로 부터 추출된 생각맞이 주제는 다음과 같다.

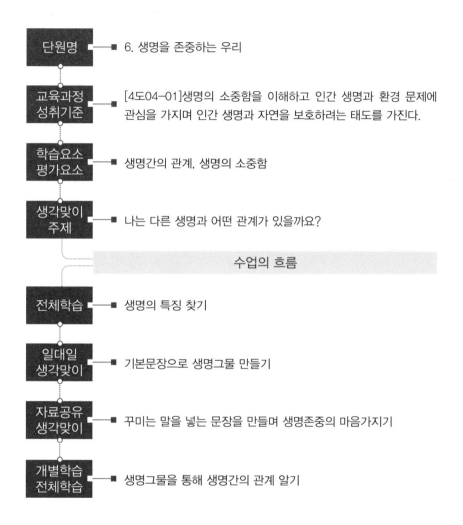

단원명	■ 6. 생명을 존중하는 우리
교육과정 성취기준	■ [4도04-01]생명의 소중함을 이해하고 인간 생명과 환경 문제에 관심을 가지며 인간 생명과 자연을 보호하려는 태도를 가진다.
학습요소 평가요소	■ 생명간의 관계, 생명의 소중함
생각맞이 주제	■ 나는 다른 생명과 어떤 관계가 있을까요?

수업의 흐름

전체학습	■ 생명의 특징 찾기
일대일 생각맞이	■ 기본문장으로 생명그물 만들기
자료공유 생각맞이	■ 꾸미는 말을 넣는 문장을 만들며 생명존중의 마음가지기
개별학습 전체학습	■ 생명그물을 통해 생명간의 관계 알기

이 수업은 국어과 교육과정 성취기준 '[4국04-03]기본적인 문장의 짜임을 이해하고 사용한다.'와 통합한 사례이다. 따라서 위의 흐름도에 국어과 성취기준을 함께 제시하고 생각맞이 주제를 2개 추출할 수 있다.

수업의 실제

학교 내에서 찾아볼 수 있는 '생물과 무생물'을 구분하는 활동으로 수업을 시작했다. 학생들은 '동물과 식물'을 생명이라고 찾는다. 이어서 생명의 특징을 찾아보았다. 많은 학생들이 '생명은 움직인다.'를 제일 먼저 찾았다. 식물이 자라는 것이나 식충식물처럼 벌레를 잡아먹는 것을 움직이는 것으로 간주한 것일까? 그런데 초등학교 3학년 학생들의 지적영역에서는 식물은 움직이지 못한다. 즉 식물은 자리를 이동하지는 못한다. 그러므로 '생명은 움직인다.'를 생명의 특징으로 찾는 것은 생명의 개념을 정확히 인지하고 있지 못했다는 것이다. 따라서 '움직인다.'는 개념을 자리를 이동하는 것으로 합의하였다.

학생들이 꼭 인지하여야 할 부분은 생명은 인간과 같이 호흡을 하고 영양분과 물을 필요로 한다는 것이다. 그리고 인간처럼 '성장한다.'는 것을 찾게 하는 것도 중요하다. 학생들은 생명은 '죽음'을 맞이하고 종족보존을 위해 '새끼나 씨'를 남긴다는 것도 찾았다. 학생들이 이러한 내용을 찾아가는 과정을 통해 모든 생명이 인간과 비슷한 삶을 살아간다는 것을 알고 이어지는 다음 수업에 임하게 된다.

기본 문장으로 생명그물 만들기

수업은 생명들은 어떤 관계를 맺고 살아가고 있는지 깨닫게 하는 활동으로 이어진다. 이 활동은 '생명그물 만들기'를 통해 진행되었다. 다음 그림과 같은 틀을 제시한 후에 빈 칸에 '생명체'를 넣도록 한다. 이

때 '나, 아버지, 어머니, 동생'과 같이 가족 명칭을 3개 정도 넣어야 한다. '나'는 꼭 포함시켜야 한다. 나머지 칸에는 동물과 식물의 명칭을 고르게 채워 넣는다. 학생들이 각각 다른 것들을 선택해도 되고 학급 전체가 같은 것을 선택해도 된다. 채워진 칸들 중에서 두 생명체를 뽑아 이들을 선으로 연결하고 이들의 명칭을 포함한 문장을 만든다. 이때 주어, 목적어, 서술어가 있는 문장으로 만들도록 한다. 이 문장 만들기를 '일대일 생각맞이' 활동으로 진행한다. 2명의 학생이 협력하여 문장을 만드는 것이다.

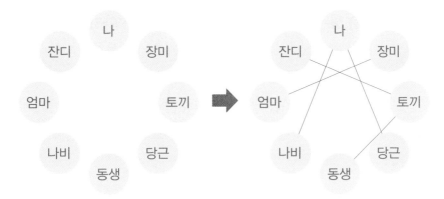

대화 상대가 바뀌어가면서 선의 수는 늘어나고 결국에는 그물모양이 만들어졌다. 그리고 만들어진 문장의 수도 늘어났다. 다음은 한 학생이 만든 문장의 일부이다.

강아지는 나비를 쫓아갑니다
나무는 부모님을 시원하게 합니다.
나는 개구리를 먹습니다
강아지는 부모님을 좋아합니다.
나는 나비를 키웁니다.
나무는 나비에게 맑은 공기를 줍니다.

꾸미는 말을 넣는 문장을 만들며 생명존중의 마음 되새기기

생명간의 관계가 담긴 문장들이 많이 만들어졌다. 이 문장을 다시 읽으며 생명존중의 마음을 되새기는 다음 단계로 올라간다. 이때 앞에서 만들어진 기본문장에 '꾸미는 말'을 넣는 활동을 함께 진행했다. 수준을 한 단계 높이는 것이다. 다음과 같은 예시를 제공하는 것도 잊지 말아야 한다.

나무는 부모님을 시원하게 합니다.
(키가 큰) 나무는 부모님을 시원하게 합니다.
나무는 (땀을 흘리는) 부모님을 시원하게 합니다.
(잎이 많은) 나무는 부모님을 시원하게 합니다.
나무는 (의자에 앉아 있는) 부모님을 시원하게 합니다.

이 활동은 '자료공유 생각맞이'로 진행한다. 자신이 만든 문장 중에서 기본문장으로 삼을 가장 마음에 드는 문장을 하나 선택하여 붙임쪽지에 적고 모둠활동판에 그 붙임쪽지를 붙인다. 다른 색 붙임쪽지에는 기본문장에 꾸미는 말을 넣은 문장을 적는다. 그리고 기본문장 붙임쪽지 아래에 붙인다. 이 활동판을 다음 모둠으로 이동시킨다. 앞 모둠의 활동판이 도착하면 활동판 속의 기본문장과 꾸미는 말이 들어간 문장을 읽는다. 그리고 또 다른 꾸미는 말을 넣은 문장을 기록하여 활동판에 붙인다. 같은 방법으로 모둠활동판은 모든 모둠을 이동한다. 이렇게 교실을 한 바퀴를 돌아 원래 모둠으로 돌아온 활동판에는 자신이 쓴 기본문장 밑에 여러 개의 꾸미는 말이 들어간 문장이 만들어져 있었다. 문장이 맞춤법에 맞는지 모둠원과 확인하며 틀린 것은 수정하는 과정을 거친다. 이 과정에서 학생들은 맞춤법, 꾸미는 말에 대해 배우고 생명들이 서로 밀접하게 연관되어 있다는 것을 마음에 새기게 된다. 이때 붙임쪽지에 자신의 이름을 쓰게 하면 평가로 연결할 수 있다.

생명그물을 통해 생명간의 관계 알기

생명간의 관계를 깨닫게 하는 다음 활동으로 이어진다. 친구들이 만들어 붙여준 문장 중에서 가장 마음에 드는 문장을 하나 선택하여 모든 학생이 돌아가며 발표한다. 발표가 끝나면 다음과 같은 질문을 던지며 수업을 정리한다.

"한 개의 생명이 사라지면 어떤 일이 생길까요?"

한 개의 생명이 사라지면 생명그물이 연쇄적으로 끊어지게 된다는 것을 알게 되고 나아가 그 결과 모든 생명이 사라질 수 있는 상황이 생길 수도 있다는 사실을 스스로 인지하기를 바라는 질문이다. 따라서 생명그물에서 하나의 생명을 지우고 그 생명과 연결된 생명을 차례로 지워보는 활동을 해보는 것도 필요하다. 이 수업의 핵심인 생명을 존중해야 한다는 내용을 직접 가르치지 않고 생명그물 속에서 스스로 깨닫게 하는 것이다.

이 '생명그물 만들기'는 생명존중과 관련되어 다양한 활동으로 변형하여 설계할 수 있는 좋은 활동인데 새 교과서에서는 볼 수 없어 매우 아쉽다. 이 수업을 마치면서 하게 된 생각을 글에 담도록 했다. 다음은 학생들이 남긴 글이다. 글 속에 생명에 대한 사랑이 가득 담겨있다.

나는 생명그물을 보고 나와 생명 사이에 절대 끊어지지 않는 줄이 연결되어 있는 것을 알게 되었다. 그래서 생명을 더 소중히 여겨야겠다는 생각이 들었다.

친구들의 생각과 나의 생각이 참 창의적이라고 느꼈고, 또 이렇게 배우니 친구들과 친해질 수 있다. 이 생명그물을 보니 생각과 생각 사이의 생각이 있고 생명과 생명 사이에 생명이 있다.

생명그물 놀이를 하다 보니 생명이 다 연관되어 있다는 것을 알게 되었다. 정말 신기했다. 집에서도 한번 해보아야겠다.

02
6학년 도덕
'크고 아름다운 사랑'

준법과 용서는 모두 사랑이다

'사랑'은 타인의 마음을 움직여 선한 삶을 살게 하는 힘을 가지고 있다. 6학년 교과서에는 '장발장' 이야기를 통해 그 뜻과 내용을 전하고자 한다. 교과서에는 다음과 같은 내용이 담겨있다.

형무소에서 19년을 복역한 장발장은 신부에게 하룻밤 재워달라고 부탁한다. 신부는 장발장의 청을 들어주지만 장발장은 은식기를 훔쳐서 달아난다. 다음날 경찰관 세 명이 장발장과 함께 신부를 찾아온다. 신부는 "당신에게 드린 은촛대군요. 그런데 어째서 은식기와 함께 가져가지 않았소?"라는 말로 장발장을 용서한다. 이 장발장의 이야기와 함께 교과서에는 다음과 같은 생각거리가 제시되어 있다.

'신부의 행동에서 우리는 '사랑'과 '용서'라는 두 가지를 발견할 수 있습니다. 이 두 가지가 지닌 힘이 장발장이 새 사람으로 거듭나는 일과 어떤 관련이 있는지 이야기해 봅시다.'

'사랑의 위대한 힘'이라는 주제가 이끌어 가는 이 이야기는 장발장이 신부의 사랑과 용서로 선한 삶을 살게 되었다는 내용이다. 죄를 용서하는 '사랑'은 사람을 변화시킬 수 있다. 그런데 이 이야기에서 놓친 또 다른 가치가 있다. 사회를 유지시키는 '준법'도 또 다른 사랑의 모습인데 신부는 법을 집행하는 경찰관 앞에서 거짓말을 한다. 즉 '허위 진술'을 한 것이다. 따라서 교과서의 예화는 '준법'이 가지고 있는 중요한 가치를 외면한 한 쪽의 가치에 치우친 이야기라고 볼 수도 있다. 중요하게 생각하는 가치에 따라 도덕적 판단 기준은 달라질 수 있다. 따라서 이 장발장 이야기가 토론의 소재로 아주 적합하다고 생각하였다.

그러나 이 수업은 신규교사의 임상장학을 위해 의뢰받은 것이었다. 깊이 있는 토론수업을 적용하는 것은 무리가 따른다. 따라서 생각맞이 토론 심화설계에 의한 '생각맞이 토론'[1]을 변형하여 간단하게 설계하였다. 학생들에게 입장을 선택하기 까지 충분히 생각할 시간을 주는 토론방식을 수업하는 신규교사가 경험하게 하는 것에 중점을 두었다.

교육과정 분석

2009 교육과정에는 '[도642] 성인(聖人)들이 말하는 사랑과 인(仁) 및 자비(慈悲)의 의미와 중요성을 종합적으로 이해하고, 이를 일상생활 속에서 실천하기 위해 노력하는 적극적인 태도를 기를 수 있다.'라는 성취기

---

1) 심화설계에 의한 '생각맞이 토론' 수업은 '생각맞이 수업' 편에 자세히 제시되어 있다. 이를 참고하면 한 단계 높은 토론 수업으로 탄생시킬 수 있다.

준이 제시되어 있었다. 교과서의 '크고 아름다운 사랑'이라는 단원을 통해 이 성취기준에 다가간다. 본 수업은 두 번째 차시로 '사랑의 위대한 힘'에 대해 배우는 내용이다.

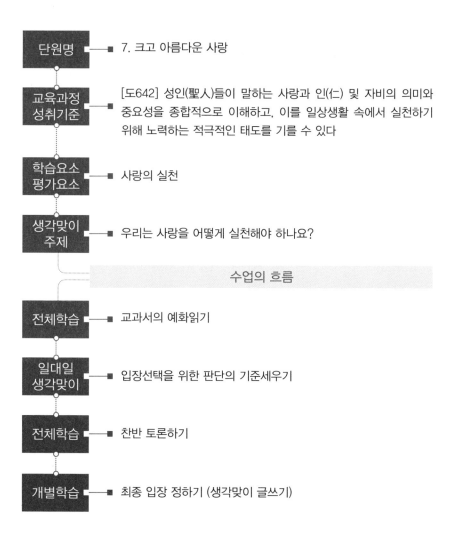

단원명 ──■ 7. 크고 아름다운 사랑

교육과정 성취기준 ──■ [도642] 성인(聖人)들이 말하는 사랑과 인(仁) 및 자비의 의미와 중요성을 종합적으로 이해하고, 이를 일상생활 속에서 실천하기 위해 노력하는 적극적인 태도를 기를 수 있다

학습요소 평가요소 ──■ 사랑의 실천

생각맞이 주제 ──■ 우리는 사랑을 어떻게 실천해야 하나요?

수업의 흐름

전체학습 ──■ 교과서의 예화읽기

일대일 생각맞이 ──■ 입장선택을 위한 판단의 기준세우기

전체학습 ──■ 찬반 토론하기

개별학습 ──■ 최종 입장 정하기 (생각맞이 글쓰기)

마중질문

학생들은 토론에 앞서 자신의 입장을 결정하여야 한다. 서로 대립하는 도덕적 가치 중에서 어느 한편을 선택해야 한다. 이를 선택하기 위해서는 판단기준을 가져야 한다. 이 판단기준을 마련하는 기회를 주기 위하여 다음과 같은 마중질문을 준비하였다. 이 마중질문들이 자신의 입장을 결정할 수 있도록 도와준다.

마중질문 1은 신부의 '사랑'에 초점을 맞추었고 마중질문 2는 사회를 유지하는 '준법'에 초점을 맞추었다. 마중질문 3은 신부의 행동을 '용서와 허위진술' 중 어떤 관점에서 바라보아야 할지 생각하게 하는 내용이다. 마중질문 4는 '준법과 용서'라는 두 가지 가치에 대해서 생각해보게 하는데 목적을 두었다. 마중질문 5는 다양한 사람들이 함께 살아가는 세상에서 '사랑'의 의미를 어떻게 해석해야 할지 깊이 있게 생각하기를 바랐다. '당근'과 '채찍' 모두에 사랑이 담겼다는 것을 이해할 수 있을까?

수업의 실제

교과서에 담긴 장발장의 이야기를 읽는 것으로 수업을 시작한다. 교과서에는 작품의 일부만 담겨있다. 따라서 전체 작품을 읽으며 독서수업과 통합하여 진행한다면 좀 더 심도있는 토론수업으로 진행할 수 있을 것이다.

입장선택을 위한 판단의 기준세우기

토론을 위해서는 자신의 입장을 선택해야 한다. 입장을 선택하는 판단을 하기 위한 시간이 필요하다. 이를 위해 앞에서 제시했던 마중질문으로 일대일 생각맞이 활동을 진행한다. 학생들은 주어진 5개의 마중질문으로 10명의 대화 상대를 만난다. 하나의 마중질문으로 두 명의 친구를 만나 대화를 나누는 것이다. 처음의 짝과는 질문의 의미를 생각하느라 자신이 의견을 제대로 내세우지 못할 수도 있다. 두 번째 짝을 만나면서부터 질문의 내용을 분석하고 자신의 의견을 나누며 입장을 선택할 수 있는 판단의 기준을 세워 나가게 된다. 시간이 충분하게 주어져 더 많은 짝과 대화한다면 판단의 기준이 좀 더 명확해 질 것이다.

찬반 토론하기

일대일 생각맞이가 끝나면 입장을 선택하는 단계로 나아간다. 자신이 신부였다면 장발장을 '용서할 것'인지 또는 '처벌할 것'인지의 두 가지 입장 중에서 한 쪽을 선택한다. 그리고 학생 전체가 두 그룹으로 나누어 져 마주보고 앉아 찬반 토론을 벌인다. 판정단은 없다. 모든 학생이 자유롭게 참여한다. 한 명이 입장선택의 근거를 내세우면 반대편에서 반박을 한다. 그리고 이 반박에 대해서도 누구든지 자유롭게 재반박을 할 수 있다. 다음과 같이 진행하면 된다.

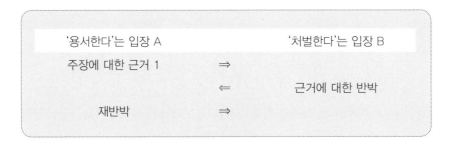

자신들의 입장에 대한 근거를 번갈아 가며 토론을 진행한다. 즉 A팀이한 번 근거를 대고 주장을 펼친다. B팀은 근거에 대한 반박을 해야 한다. A팀은 재반박을 한다. 이 토론은 전체토론으로 진행하기 때문에 재반박까지만 허용을 한다. 좀 더 날카로운 반박이 오고가지 못한 아쉬움은 있

지만 이러한 제한이 없을 경우 말꼬리를 무는 상황이 한없이 발생하기 때문이다. 일대일토론이나 모둠토론이라면 이러한 제한없이 자유롭게 진행시킬 수 있다. 그리고 B팀으로 주장을 펼치는 기회가 넘어간다. B팀의 주장이 끝나면 다시 A팀이 새로운 근거를 대며 주장을 펼쳐야 한다. 실제 이루어진 학생들의 토론내용의 일부를 동영상 속에서 찾아 싣는다.

〈'처벌한다'는 입장의 근거 1〉 용서를 해주면 다음에 잘못을 하고도 '또 용서를 받겠지'라고 생각할 것입니다. 처벌을 하면 '벌을 받겠구나'라고 생각할 것입니다. 따라서 처벌을 해야 한다고 생각합니다. 또한 강아지도 말을 듣지 않으면 훈련소에 가게 됩니다. 장발장도 도둑질 하는 버릇을 고치기 위해 처벌을 받는 것이 맞다고 생각합니다.
〈반박〉 강아지에 비유하셨는데 사람은 강아지와 다르다고 생각합니다. 강아지는 훈련으로 나쁜 버릇을 고칠 수 있겠지만 사람은 용서로 잘못을 뉘우칠 수 있다고 생각합니다.
〈재반박〉 인간과 개가 다르다고 해도 인간도 용서로 버릇이 고쳐지지 않는 사람이 있습니다. 개처럼 훈련을 해서 고쳐지는 사람도 있습니다. 따라서 잘못을 했으면 그에 따른 처벌을 받는 것이 마땅합니다.

최종 입장 정하기

일대일 생각맞이를 하며 판단의 기준을 생각해 보도록 하였다. 그리고 찬반토론을 통해 판단해 보았다. 이제 자신의 판단기준을 명확히 세워야 한다. 그 내용을 글로 쓰도록 한다. 혼자만의 깊이 있는 생각을 하게 하는 것이다. 이 경우 다음과 같은 뼈대에 해당하는 글쓰기 틀을 제시하기를 권한다. 논리적으로 자신의 생각을 정리하는 국어 글쓰기 지도가 함께 이루어지는 것이다.

나는 장 발장을 용서할 것이다.(처벌할 것이다.) 이러한 생각의 근거는 다음
과 같습니다.
첫째.

둘째.

셋째.

넷째.

근거를 중심으로 사랑의 실천방법에 대한 생각으로 마무리 글쓰기

생각맞이로 디자인 된
국어수업

01. 4학년 국어 '말하기 표현전략'

　　표현도 배워야 한다
　　교육과정 분석
　　마중질문
　　수업의 실제
　　동료평가 계획

02. 5학년 국어 '국어규범과 국어생활'

　　문법수업은 지루해
　　교육과정 분석
　　수업의 실제

01
4학년 국어
'말하기 표현 전략'

표현도 배워야 한다

인간은 의사소통을 하면서 살아가는 존재이다. 의사소통은 단순한 정보의 전달을 넘어 인간관계를 맺는 과정의 중요한 요소이다. 인간은 타인과의 소통을 통해 성장하고 발전하기 때문이다. 의사소통은 음성언어, 비언어(몸짓, 표정 등), 반언어(속도, 어조, 목소리 등)가 함께 이루어져야 효과적으로 이루어질 수 있다. 커뮤니케이션을 함에 있어 상대방에 대한 인상이나 호감을 결정하는 데는 말하는 내용이 7%, 목소리가 38%, 보디랭귀지와 같은 시각적인 이미지가 55%의 영향을 미친다고 한다(앨버트 메라비언). 실제 언어보다 몸짓언어(Body Language)를 통해 더 많은 것을 전달할 수도 있다는 뜻이다. 이는 몸짓언어를 사용할 수 있는 교육이 필요하다는 뜻이기도 하다. 이러한 능력은 항상 연습하고 노력해야 얻을 수 있기 때문에 지속적인 교육이 이루어져야 한다.

소개할 수업은 임상장학을 앞둔 교사를 대상으로 이루어진 수업 코칭 시 만들어진 수업이다. 이 수업은 위에서 살펴 본 비언어적 행동에 의한 의사소통 능력을 길러주는 것에 중점을 두고 설계하였다.

교육과정 분석

초등학교 4학년 국어 교과서에 '느낌을 살려 말해요'라는 단원이 있다. 성취기준 '[4국01-04]적절한 표정, 몸짓, 말투로 말한다.'를 달성하기 위해 마련된 단원이다. 소개되는 수업은 2009 교육과정에 따라 초등학교 3학년을 대상으로 이루어졌다. 당시의 교과서에 실린 단원명은 '실감나게 말해요'였다. '느낌을 살려 말해요'와 '실감나게 말해요'라는 단원명은 적극적인 표현력을 강조한다. 풍부한 감성적 표현력이 요구되는 것이다. 이 단원은 교과서뿐만이 아니라 다양한 자료를 활용할 수 있기에 설계에 따라 다양한 형태의 수업이 이루어질 수 있다.

단원명	■ 3. 느낌을 살려 말해요
교육과정 성취기준	■ [4국01-04]적절한 표정, 몸짓, 말투로 말한다.
학습요소 평가요소	■ 상황에 맞는 표정, 몸짓, 말투
생각맞이 주제	■ 배우처럼 표현 할 수 있나요?

수업의 흐름

전체학습	■ 연극장면 만나기
전체학습 모둠학습	■ 실감나는 표현 익히기
일대일 생각맞이	■ 실감나게 표현하기
전체학습	■ 표현 사례 나누기

마중질문

비언어적 행동의 표현은 몸짓 언어와 같은 학생들의 적극적인 표현이
요구되지만 대부분의 수업이 언어적 표현의 전달에 머무르게 되는 경우가

많다. 학생들이 이러한 표현의 경험이 많지 않기 때문이다. 따라서 각 상황을 분석하고 적극적인 표현을 경험하는 기회를 많이 제공하는 데 중점을 두고 다음과 같은 마중질문을 만들었다.

마중질문
1. 이 장면은 어떤 상황인가요?
2. 이 상황에서 주인공(화자)은 어떤 감정을 가지게 될까요?
3. 이 감정에 어울리는 표정을 지어볼까요?
4. 이 감정을 몸짓으로 표현 해 볼까요?
5. 이런 감정에서는 어떤 말투(높낮이, 세기, 빠르기)를 사용하게 될까요?
6. 이 장면을 실감나게 말하여 볼까요?

마중질문 1은 상황을 파악하는 질문이다. 비언어적 표현은 대화상황에 따라 달라지기 때문이다. 마중질문 2는 효과적인 표현을 위해 상황에 따른 감정을 이해시키고자 하는 질문이다. 예를 들어 거절을 해야 하는 상황도 단호하게 거절해야 하는 경우와 미안해하며 거절해야 하는 경우가 있다. 이처럼 상황에 따라 적합한 비언어적 표현을 사용해야 한다. 마중질문 3, 4, 5는 상황에 따른 효과적인 비언어 또는 반언어적 표현방법을 생각하게 하는 질문이다. 반언어적 표현과 비언어적 표현은 표현방법에 따라 언어적 표현의 의미가 달라지게 할 수도 있다. 그래서 그 상황에 맞는 표현이 되어야 한다. 마중질문 6은 주어진 상황에 어울리는 반언어와 비언어적인 표현을 종합할 것을 요구하는 질문이다.

마중질문카드 활용하기

이 수업에서는 6개의 마중질문이 주어진다. 4학년 학생 중 6개의 질문을 모두 기억하는 학생은 없을 것이다. 따라서 수업에 '질문카드'를 활용한다. 짝을 이룬 두 명의 학생에게 한 개의 질문카드가 주어지며 질문자가 질문카드를 받는다. 역할이 바뀔 때는 질문카드를 질문자가 되는 짝에게 넘겨주면 된다. 이 수업은 꼭 질문과 답변으로 이루어지지 않아도 된다. 마중질문 1~5까지의 답변을 두 명의 짝이 함께 의논하며 표현방법을 결정해도 된다. 마중질문 1~5의 답변을 찾는 과정에서 자연스럽게 대화가 오고갈 것이다. 그리고 함께 결정한 표현방법을 마중질문 6에서 주어진 사례의 내용에 맞게 실감나게 표현하면 된다.

수업의 실제

동기유발 단계에서는 다양한 자료를 활용할 수 있다. 자료는 학생들이 공감할 수 있고 재미있어하는 내용이어야 한다. 그리고 재미있었던 이유를 '비언어'와 '반언어'의 표현이 실감나는 것에서 찾을 수 있어야 한다. '비언어'와 '반언어'의 실감나는 표현이 포함된 동화구연이나 개그의 한 장면을 제시할 수도 있지만 이 수업은 초등학교 3학년을 대상으로 이루어진 수업이므로 상황판단이 비교적 쉬운 연극장면을 활용했다.

실감나는 표현 익히기

실감나는 표현은 연기력이 필요하므로 수줍은 학생은 매우 소극적인 자세를 취할 수 있다. 따라서 실감나는 표현을 하기에 앞서 '기쁨, 놀람, 슬픔, 두려움, 수줍음, 미안함, 감사' 등의 여러 유형의 감정에 따른 감정표현 방법을 전체 학생과 함께 익히는 것이 필요하다. 이 활동은 '감정 아이콘'으로 형상화하여 제시하고 진행한다. 각 감정에 따른 표정과 몸짓을 지어보게 한다. 이때 모둠별로 하나의 감정을 지정해 주어 표현을 하게하고 나머지 학생들은 그 표현을 따라하게 한다. 이렇게 구체적으로 지도해야 수줍고 소극적인 학생도 나름대로 표현할 수 있게 된다.

이어서 상황 속에서 '적절한 표정, 몸짓, 말투'를 익히게 한다. 학생들이 이미 알고 있는 이야기의 장면을 택하면 학생들이 더 재미있게 표현한다. '흥부와 놀부'의 이야기에서 다음과 같이 몇 개의 장면을 선택했다. 그리고 각각의 상황에 따른 감정을 찾아보고 적절한 말투, 표정, 몸짓을 표현하게 한다.

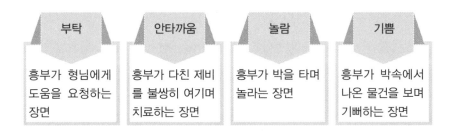

부탁	안타까움	놀람	기쁨
흥부가 형님에게 도움을 요청하는 장면	흥부가 다친 제비를 불쌍히 여기며 치료하는 장면	흥부가 박을 타며 놀라는 장면	흥부가 박속에서 나온 물건을 보며 기뻐하는 장면

실감나는 표현하기

감정 아이콘과 흥부놀부 이야기에서 실감나는 표현 방법을 배웠다. 다음은 실제 상황에서 표현하는 기회를 가져야한다. 학생들이 생활에서 경험한 사례를 중심으로 대본을 써서 진행한다. 단 '부탁, 수락, 거절, 사과, 감사, 제안' 같은 다양한 상황이 고루 들어가도록 상황을 제시하고 이에 따른 경험 사례를 떠올려 대본을 직접 쓰도록 한다. 이때 몇 개의 상황을 제시하되 스스로 상황을 정하고 싶은 학생에게는 자율을 허용한다. 예시를 주는 이유는 혼자서 상황을 정하지 못하는 학생들도 있기 때문이다. 다음과 같은 예시에서 각자 한 가지 상황을 정하여 대본을 쓰게한다.

상황	사례	경험한 일 쓰기
부탁과 수락이 일어나는 상황	학생이 부탁하고 부모님이 수락한 사례	대본 1
부탁과 거절이 일어나는 상황	부모님이 부탁하고 학생이 거절한 사례	대본 2
실수와 사과가 일어나는 상황	친구에게 실수하고 사과 한 사례	대본 3
도움과 감사가 일어나는 상황	친구에게 도움을 받고 감사한 사례	대본 4

학생들이 쓴 대본으로 '일대일 생각맞이' 활동을 진행한다. 대화 시에는 위에서 제시했던 '마중질문'을 적용한다. 대본을 쓴 학생은 짝이 던지는 질문에 답변하면서 표현할 상황을 분석하고 그에 적절한 표현을 한다. 두 명의 짝이 자신이 쓴 대본의 내용을 실감나게 표현하는 것이다. 이때 서로의 대본을 바꾸어 표현하는 방식으로 진행할 수도 있다. 활동이 진행되어 짝을 만나는 횟수가 늘어날수록 학생들의 표현력이 좀 더 자연스러워지고 자신감도 가지게 된다. 학생들의 학습능력이 전체적으로 낮은

경우는 교사가 상황이 담긴 대본을 제시할 수도 있다. 이 경우는 학생들의 학습능력에 따라 대본의 수준을 결정해야 한다.

표현사례 나누기

생각맞이 대화를 마치고 돌아온 학생들 중에서 몇 명을 선정하여 전체 학생 앞에서 시연을 한다. 시연할 학생은 희망자 중심으로 하되 표현을 잘 하는 학생이 꼭 포함되어야 한다. 따라서 학생들의 추천을 받은 학생을 중심으로 발표하는 것도 효과적이다. 한 학생의 발표가 끝날 때마다 어떤 점을 잘 표현했는지 학생들이 찾아볼 수 있도록 해야 한다.

동료평가 계획

이 수업은 교사가 학생들의 표현을 전부 관찰할 수 없기 때문에 교사의 직접 점검에 의한 평가는 어렵다. 따라서 학습자들이 서로의 표현에 대한 평가를 하는 것이 가장 바람직하다. 물론 4학년 학생들이 객관적인 기준을 가지고 정확히 평가하지는 못할 것이다. 그러나 기준을 잘 제시해주면 진지한 평가를 할 것이다. 또한 여러 명에 의해 평가가 이루어지기 때문에 나름대로 객관적인 평가가 이루어진다. 따라서 대부분의 학생이 그 결과에 진정성 있는 승복을 할 것이다.

동료 평가지

학습요소인 '표정·몸짓·말투'가 모두 평가요소이다. 학습자가 기록할 수 있는 평가지의 예시를 다음과 같이 제시한다.

친구 격려하기		4학년 ( )반 이름( )	
친구는 실감나게 표현했나요?		'2는 잘했어요. 1는 아쉬워요.'입니다.	
평가자 평가요소	김**	박**	점수 합계
표정			
몸짓			
말투			

　학생들이 상호평가를 할 경우 '잘했어요, 아쉬워요.'의 두 단계로 평가할 것을 권한다. 두 단계로 평가를 해도 '표정, 몸짓, 말투'의 3개 요소를 평가하게 되므로 6단계의 평가를 하는 것과 같은 효과를 얻을 수 있다. 여러 명의 동료가 평가를 하기 때문에 점수를 합산하면 3단계 평가도 쉽게 할 수 있다. 또한 각 영역별로 평가가 이루어지기 때문에 그 학생을 파악한 내용을 교사가 서술형으로 정리하기에 용이하다. 한편 활동에 참여하는 '태도'를 평가요소에 추가해도 좋다.

02
5학년 국어
'국어규범과 국어생활'

문법수업은 지루해

초등학교 5~6학년 문법 영역은 어법에 맞고 바람직한 국어문장과 표현을 사용하는 태도를 기르는 데 주안점을 둔다. 이번에 소개할 수업은 '다의어(多義語)와 동음이의어(同音異義語)'를 익히는 내용이다. '다의어'는 두 가지 이상의 뜻을 가진 단어, '동음이의어'는 소리는 같으나 뜻이 다른 단어로 사전에 정의되어 있다. 이 둘을 구분하여 학생들에게 설명할 필요는 없다. 거의 같은 뜻을 가지고 있기 때문이다. 생활 속에서 그 의미를 바르게 알고 적절하게 사용하도록 하는 것이 중요하다.

260

그러나 이러한 문법수업은 학생들에게 어렵고 지루한 지식주입 수업으로 흘러가기 쉽다. 따라서 국어사전을 활용하는 수업, 그리고 지루함을 느끼지 않도록 해주는 학생중심의 수업이 이루어지도록 설계하였다.

이 수업은 같은 학교에 근무하는 신규교사의 임상장학을 위한 수업 코칭 시 설계된 수업이다. 코칭을 하면서 학생들이 국어사전의 필요성을 깨닫기를 바랐고 또 생활에서 항상 국어사전을 가깝게 대하면서 바른 언어생활을 하기를 기대했다.

교육과정 분석

본장에서 소개할 수업은 '낱말의 의미 파악하기(문맥적 의미, 다의어, 동음이의어)'이다. 이를 위해 '소리는 같고 뜻은 다른 낱말'이나 '다양한 의미를 갖는 낱말'을 주요 학습대상으로 하며 이 낱말들이 가지고 있는 여러 개의 뜻들이 어떻게 다른지를 국어사전을 통해 탐구한다.

먼저 두 용어를 모두 '여러 개의 뜻을 가지고 있는 단어'로만 설명하고 국어사전에서 '다의어와 동음이의어'를 찾는 방법을 지도하도록 계획하였다. 이 활동이 끝나면 '다의어와 동음이의어'가 들어가는 문장만들기 활동으로 이어진다.

단원명	■ 8. 언어 예절과 됨됨이
교육과정 성취기준	■ [6국04-03]낱말이 상황에 따라 다양하게 해석됨을 탐구한다.
학습요소 평가요소	■ 동음이의어, 다의어
생각맞이 주제	■ 주어진 낱말은 문장에서 어떤 뜻으로 쓰이나요?

수업의 흐름

전체학습	■ 국어사전 활용법 익히기
모둠학습	■ 국어사전에서 동음이의어와 다의어 찾기
자료공유 생각맞이	■ 다의어와 동음이의어가 들어간 문장 만들기
모둠학습	■ 좋은 문장 고르기

이 수업에서는 학생들의 상상력을 키우는 활동을 추가할 수 있다. '동음이의어'와 '다의어'를 그림문자로 표현하게 한다. 264페이지에 제시한 예시의 경우 '배'는 쉽게 형상화시킬 수 있지만 '타다'는 형상화시키기 어렵다. 따라서 상상력이 동원되어야 한다.

수업의 실제

이 수업은 특별히 동기유발에 많은 노력을 기울이지 않아도 된다. 학생들 모두에게 국어사전을 한 권씩 나누어 주고 교사가 제시한 '다의어와 동음이의어'를 찾아봄으로써 사전에서 구별하는 방법을 알려주면 된다. 국어사전에서 함께 찾아가며 설명을 듣기 때문에 학생들은 쉽게 이해한다.

국어사전에서 다의어와 동음이의어 찾기

한글의 자음은 14개다. 14개의 자음을 모둠수로 나누어서 각 모둠에 배정한다. 4개의 모둠이라면 한 모둠에 자음을 각 3~4개씩 배정을 한다. 그리고 다음 그림과 같은 활동지에 배정받은 자음을 쓰도록 한다. 모둠원 한 명이 한 개씩의 자음을 맡아 국어사전에서 해당 자음으로 시작하는 동음이의어와 다의어를 찾아서 붙임쪽지에 써서 붙인다. 이때 국어사전에 있는 뜻도 함께 쓴다. 각 자음별로 여러 개의 낱말이 적힐 것이다.

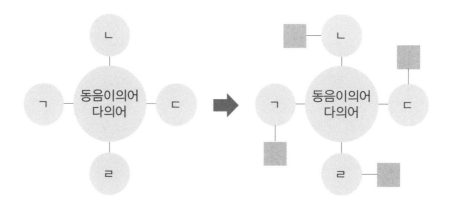

다의어와 동음이의어가 들어간 문장 만들기

학생들이 찾은 '다의어'와 '동음이의어'가 들어간 문장을 만드는 단계이다. 이 활동은 '자료공유 생각맞이'를 통해 이루어진다. 교사의 안내에 따라 활동판은 모둠을 이동한다. 다른 모둠에서 이동해 온 활동판에는 학생들이 찾은 '다의어'와 '동음이의어'가 담겨있다. 학생들은 활동판 속 낱말 중 하나를 선택해 그 낱말이 들어가는 문장을 만들고 붙임쪽지에 기록해 활동판에 붙인다. 능력이 되는 학생은 여러 개의 낱말을 선택하여 쓰는 것도 허용한다. 이 때 다음과 같은 예시를 제시해 준다. 학생들은 예시와 같이 선택한 낱말의 서로 다른 뜻이 모두 들어가는 문장을 만들어야 한다.

1. (배)가 많이 나온 임산부가 항구에서 (배)를 기다리고 있다. 그 옆에는 (배)를 담은 상자가 쌓여있다.
2. 강에서 (배)를 타고 (배)를 재배하는 과수원에 갔다. 과수원에는 (배)가 불룩한 사람들이 (배)를 포장하고 있었다. (배)를 너무 많이 먹었나 보다.
3. 놀이공원에 갔다. 회전목마를 (타고) 목이 말라 가게에 갔다. 아버지는 커피를 (타서) 마신다. 나는 까맣게 (탄) 고구마에 눈길이 갔다.
4. 기차를 (타고) 시골에 살고 계시는 부모님을 찾아갔다. 부엌에서 생선 (타는)냄새가 났다. 내가 좋아하는 고등어를 구우셨나보다. 나를 본 어머니께서 미수가루를 (타서) 주신다.

일정 시간이 흐른 후 활동판은 이동되고 다른 '다의어와 동음이의어'를 맞이하게 된다. 그리고 또 문장을 만든다. 학생들은 예시 보다 훨씬 창의적이고 재미있는 문장을 만들 것이다. 이때 문장을 쓴 붙임쪽지가 가장 적게 붙은 '다의어와 동음이의어'를 선택하여 글을 쓰도록 조건을 제시한다. 이러한 조건이 제시되어야 쉬운 낱말에 글이 몰리는 현상을 방지하고 어려운 낱말을 적용한 문장이 만들어 지게 된다.

붙임쪽지는 2가지 색을 제공하여 낱말을 쓰는 것과 문장을 쓰는 것으로 구분하면 효과적이다. 또한 학생들이 쓴 문장에는 자신의 이름을 꼭 쓰도록 하여 평가와 연결하는 것도 필요하다. 위와 같은 활동을 통해 지루해지기 쉬운 문법수업이 학생을 중심으로 재미있게 진행될 수 있다. 이 수업은 교사가 국어사전 사용법을 지도하고 나면 나머지 수업은 거의 대부분 학생들이 활동판을 이용하며 스스로 진행해 나간다.

좋은 문장 고르기

모둠활동판이 처음 모둠으로 돌아오면 활동이 끝난다. 모둠활동판에 붙여진 문장을 모둠원이 하나씩 같이 읽으면서 맞춤법이나 어법에 맞는지 확인하고 수정하는 시간을 반드시 가져야 한다. 이때 색을 달리한 필기도구를 이용하여 수정해야 평가 자료로 활용할 수 있다. 그리고 수업을 마친 후 어법에 맞지 않는 문장을 쓴 학생에게 전달하여 틀린 부분에 대한 피드백이 주어지게 한다. 수정시간이 끝나면 가장 좋은 문장이라고 생각되는 것을 모둠에서 선택해서 발표하는 시간을 가질 수도 있다. 이 선택의 기준은 모둠에서 세우면 된다.

생각맞이로 디자인 된 수학수업

10장

01. 2학년 수학 '자료처리'
　　x축과 y축
　　교육과정 분석
　　수업의 실제

02. 5학년 수학 '양의 측정'
　　개념을 탄탄히 세워요
　　교육과정 분석
　　수업의 실제

01
2학년 수학
'자료처리'

x축과 y축

초등학교 2학년을 대상으로 하는 그래프에 관한 수업이다. 그래프의 개념은 후에 배우게 될 함수의 개념과 연결된다. 초등학교에서는 단순한 '양'을 표시하는 그래프를 배운다면 중학교에서는 한 값이 변하면 다른 값도 일정한 규칙에 따라 변하는 '대응과 종속'의 의미가 포함되는 그래프를 배우게 되는 것이다. 이때 등장하는 것이 x측과 y축이다.

수학은 단계적으로 개념과 원리를 깨우쳐 나가며 공부해야 한다. 따라서 가장 기초적인 개념의 수업을 준비할 때 다음 단계의 지식체계를 인식하며 수업을 설계해야 한다. 따라서 초등학교 2학년 학생의 수학 수업이지만 이 두 개의 축을 '가로와 세로'라는 용어를 사용하여 그래프에는 두 개의 축이 필요하다는 개념을 넣어주고 싶었다. 그래서 이러한 개념을 불어넣어 주는 것, 그리고 표와 그래프의 차이와 용도를 스스로 찾아내도록 하는 것에 수업설계에 주안점을 두었다. 이 수업은 같이 근무했던 신규교사의 임상장학을 위한 수업 코칭 시 설계되었다.

교육과정 분석

초등학교 2학년 수학에 '표와 그래프' 단원이 등장한다. 통계와 관련된 '분류하기, 표 만들기, 그래프 그리기'를 내용으로 한다. 소개하는 수업은 이 단원의 10차시 수업 중 7차시의 수업이며 그동안 배운 내용을 종합하는 단계의 수업이었다. 교육과정 성취기준은 '분류한 자료를 ○, ×, / 등을 이용하여 그래프로 나타내고, 그래프로 나타내면 편리한 점을 말할 수 있다.'이다.

단원명	5. 표와 그래프
교육과정 성취기준	[2수05-03]분류한 자료를 ○, ×, / 등을 이용하여 그래프로 나타내고, 그래프로 나타내면 편리한 점을 말할 수 있다.
학습요소 평가요소	표와 그래프의 편리한 점
생각맞이 주제	표와 그래프는 언제 필요할까요?

수업의 흐름

전체학습	설문조사 내용 확인하기
일대일 생각맞이	표와 그래프 개념을 익히기
모둠학습	표와 그래프 만들기
전체학습	표와 그래프의 차이점 찾기

수업의 실제

이 수업을 위해서 사전에 학급의 학생들을 대상으로 설문조사가 이루어졌다. 수업대상 학생들이 가장 좋아하는 '색, 동물, 꽃, 음식, 운동'을 알아보는 설문이었다. 그 결과를 자료 삼아 수업을 시작했다. 5개의 모둠을 조직하고 모둠별로 한 가지씩 설문결과를 주었다. 이를 자료화시키도록 하는 수업이다.

표와 그래프의 개념을 익히기

표와 그래프의 기본모형을 제시하고 그 기본모형에 조사한 내용을 기입하는 것이 주된 활동이다. 이 활동은 단순하다. 그러나 이 활동을 통해 2학년 학생에게 표와 그래프의 기본개념을 이해시켜야 한다. 그리고 이 개념은 상위 학년에서 배우는 막대그래프와 꺾은선그래프로 연결된다. 그러므로 표와 그래프의 개념을 명확하게 깨닫게 해 주어야 한다. 이를 위해 다음과 같은 마중질문으로 일대일 생각맞이 활동을 먼저 진행했다.

마중질문 ❶
1. 표의 윗줄에는 어떤 내용이 들어가야 합니까?
2. 표의 아랫줄에는 어떤 내용이 들어가야 합니까?
3. 합계에는 어떤 내용이 들어가야 합니까?
4. 제목에는 어떤 내용이 들어가야 합니까?
5. 표로 나타내는 방법을 짝에게 설명해봅시다.

표와 그래프의 모양을 상세하게 읽게 함으로써 형식을 스스로 익히게 함을 목적으로 마중질문을 만들었다. 총 여섯 명의 짝을 만나 세 명과는 표에 관한 것을 다른 세 명과는 그래프에 관한 것을 주제로 대화를 나누게 했다. 표와 그래프를 그리는 방법을 차례대로 질문과 답변으로 익히며 순서대로 설명하는 방식이다. 특히 제목을 붙이는 것을 빠뜨리는 경우가 있기 때문에 제목을 붙이는 방법에 대한 질문도 포함하였다. 초등학교 2학년에서 그리는 그래프는 그림그래프로 '○표'로 간단히 표시한다. 그런데 간혹 한 칸을 비워두는 경우도 있기 때문에 '밑에서 차례대로 빈 칸 없이 채워야 합니다.'라는 답변이 나올 수 있도록 '그래프를 그릴 때 주의할 점은 무엇입니까?'라는 질문을 포함시켰다. 대화라기보다 알아야 할 것을 암기하는 과정이다. 이 과정을 통해 표와 그래프 만드는 방법을 학생들 스스로 깨우치는 배움이 일어나길 기대했다.

표와 그래프 만들기

표와 그래프의 기본모형을 제공하고 그 안에 내용을 기록하도록 했다. 표와 그래프를 그리는 방법을 익힌 학생들은 제공된 표와 그래프모형에 설문 결과를 기입하여 완전한 모습으로 변화시킬 수 있게 된다. 이때 모둠별로 펜을 하나만 주고 돌아가며 한 부분씩 완성하게 하여 한 학생이 독점하지 않도록 하는 것도 필요하다. 또는 한 모둠에 4가지 색의 펜을 주되 모둠원별로 각각 한 가지색으로만 활동하게 하면 4명의 학생이 모두 참여했는지 확인할 수 있다. 모두 참여할 수 있게 하는 전략이다.

우리 학급 학생이 가장 좋아하는 (색)

좋아하는 색	빨간색	노란색	초록색	파란색	합계
학생수 (명)	5	2	7	8	23

학생수(명) \ 좋아하는 색	빨간색	노란색	초록색	파란색
9				
8				○
7			○	○
6			○	○
5	○		○	○
4	○		○	○
3	○		○	○
2	○	○	○	○
1	○	○	○	○

표와 그래프의 차이점을 찾기

표와 그래프가 완성되면 이것을 전체 학생들 앞에 들고 나와서 발표를 하게 된다. 이때 발표자의 목소리가 매우 작아 전체 학생에게 들리지 않는 경우도 많다. 또한 발표하는 내용을 듣는 것만으로 이해할 수 있는 학생은 많지 않다. 따라서 듣는 사람이 없는 발표, 발표자의 일방적인 발표로 끝나는 경우가 많다. 이러한 문제점을 해결하기 위해 다음과 같이 발표자와 듣는 학생들이 함께 호흡하는 방식으로 진행하였다. 모둠별로 발표를 진행하며 발표를 할 때는 4명의 모둠원이 목소리를 모아 전체학생들에게 다음과 같은 질문을 던진다.

"우리 모둠에서 발표할 내용은 무엇입니까?"

"친구들이 가장 좋아하는 (색)은 무엇입니까?"

"친구들이 가장 좋아하는 (색)이 무엇인지 한 눈에 찾기 쉬운 것은 어떤 것입니까?"

"(빨간색)을 좋아하는 학생은 몇 명입니까?"

"(빨간색)을 좋아하는 학생이 몇 명인지 어떻게 알았습니까?"

자리에 앉은 학생은 답변을 해야 한다. 질문을 할 때마다 학생들은 서로 발표하겠다고 손을 들었다. 손 든 학생 중에서 발표자는 한 명을 지목하여 발표시키면 된다. 5개의 서로 다른 주제를 같은 방식으로 다섯 모둠이 차례차례 발표하고 답변을 받는다. 반복되는 발표에도 학생들은 지루해하지 않는다. 이 과정에서 자연스럽게 표와 그래프의 차이점과 편리한 점을 스스로 발견하게 된다. 그리고 표와 그래프가 필요한 경우가 서로 다르다는 것을 인식하게 하는 생각맞이 주제를 향해 나아간다.

표와 그래프의 편리한 점을 표현하기

수학과에서는 배운 개념을 정리하는 과정을 반드시 거쳐야 한다. 이 수업에서는 글쓰기와 신체표현으로 정리하였다. 먼저 다음과 같이 ( )를 채우는 글쓰기를 했다.

'(표)는 각각의 (개수)를 알아보는데 편리합니다. (그래프)는 많은 것과 적은 것을 쉽게 (비교)할 수 있습니다.'

그리고 이 내용을 몸으로 표현하도록 했다.

"표의 편리한 점을 몸으로 표현하여 봅시다."
"그래프의 편리한 점을 몸으로 표현하여 봅시다."

이 내용을 몸으로 표현하기는 쉽지 않다. 어린 학생들은 이해할 수 없는 몸짓으로 표현한다. 그러나 표현의 잘하고 못하고는 상관이 없다. 학생들은 몸으로 표현하기 위해 표와 그래프에 대한 내용을 떠올려야 한다. 그리고 글로 쓴 내용을 읽고 또 읽을 것이다. 이것이 목적이다. 그 과정 속에서 스스로 익히고 배우게 되는 것을 기대한 것이다. 다시 학생들의 생각을 자극하는 질문을 던진다.

"그래프에서 가로줄에는 '조사한 항목 이름'을 썼습니다. 세로에는 각 '항목의 개수'를 표시했습니다. 가로줄과 세로줄을 바꿀 수 있을까요?"

학생들은 생각해야 한다. 답변은 '있다와 없다'의 두 개로 나누어진다. 이때 가로와 세로의 항목이 바뀐 다른 그래프를 제시한다. 즉 바꿀 수도 있다는 것을 알게 하는 것이다. 그리고 마지막 질문을 던진다.

"대부분의 그래프는 가로줄에는 '조사한 항목'을 세로에는 '항목의 개수'를 표시합니다. 그 이유는 무엇일까요?"

학생들은 어떤 답변을 할까?
생각맞이 수업은 끊임없이 생각하는 수업을 향해 나아간다.

5학년 수학
'양의 측정'

개념을 탄탄히 세워요

본 장에서는 다각형의 넓이 구하는 방법 중 삼각형의 넓이를 구하는 방법을 찾는 차시의 수업을 소개 한다. 학생들은 '직사각형 → 정사각형 → 평행사변형'의 넓이 구하는 방법을 이미 배웠다. 따라서 앞에서 배운 다각형의 넓이에서 삼각형의 넓이를 구하는 공식을 도출해내어야 한다. 즉 앞서 배운 평행사변형의 넓이를 토대로 삼각형의 넓이 구하는 공식을 찾고 그 개념을 이해하는 활동을 한다. 그런데 삼각형에서 '높이'를 찾는 일이 학생들을 혼란에 빠뜨리고는 한다. 삼각형의 높이를 삼각형의 외부에서 찾아야 하는 경우도 있기 때문이다. 또한 밑변의 개념도 모호한 경우가 생기고는 한다. 따라서 '밑변'과 '높이'의 개념을 탄탄하게 세우는데 수업의 주안점을 두었다. 이 수업은 저경력 교사의 임상장학을 위해 이루어진 수업 코칭 시 만들어졌다.

교육과정 분석

초등학교 5학년 교과서에 '다각형의 넓이'를 구하는 단원이 있다. 이 단원의 성취기준은 '[6수03-06]평행사변형, 삼각형, 사다리꼴, 마름모의 넓이를 구하는 방법을 다양하게 추론하고, 이와 관련된 문제를 해결할 수 있다.'이다.

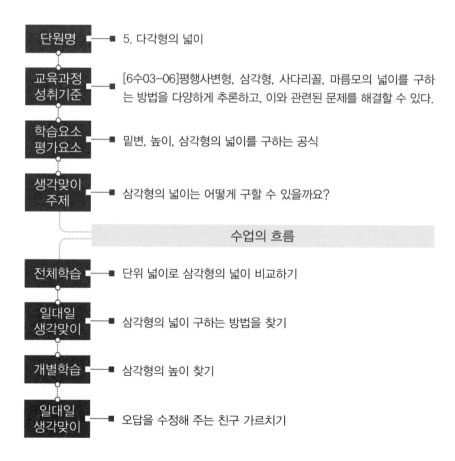

단원명	▪ 5. 다각형의 넓이
교육과정 성취기준	▪ [6수03-06]평행사변형, 삼각형, 사다리꼴, 마름모의 넓이를 구하는 방법을 다양하게 추론하고, 이와 관련된 문제를 해결할 수 있다.
학습요소 평가요소	▪ 밑변, 높이, 삼각형의 넓이를 구하는 공식
생각맞이 주제	▪ 삼각형의 넓이는 어떻게 구할 수 있을까요?

수업의 흐름

전체학습	▪ 단위 넓이로 삼각형의 넓이 비교하기
일대일 생각맞이	▪ 삼각형의 넓이 구하는 방법을 찾기
개별학습	▪ 삼각형의 높이 찾기
일대일 생각맞이	▪ 오답을 수정해 주는 친구 가르치기

본 수업은 총 17차시 중 '삼각형의 넓이'를 구하는 단계인 9차시의 수업이다. 따라서 본 차시는 넓이를 구하는 방법에 대한 다양한 추론이 일어나는 수업으로 설계하였다.

수업의 실제

수업은 다음과 같이 모눈종이 위에 그려진 4개의 삼각형 중에서 넓이가 가장 큰 삼각형을 찾는 것으로 시작되었다. 단위 넓이를 이용하여 넓이를 구하는 단계이다. 학생들은 쉽게 '삼각형 ㉣'를 찾는다.

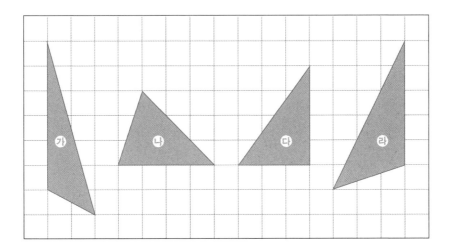

이어서 앞서 배운 평행사변형의 넓이는 '밑면 × 높이'라는 공식을 떠올리는 시간을 가졌다. 또한 직사각형과 정사각형의 넓이도 같은 공식으로 구할 수 있음도 확인했다. 각 다각형간의 포함관계를 함께 인식하는 것이 중요하기 때문이다. 이를 다음과 같은 질문을 통해 확인해 나갔다.

"정사각형은 직사각형이라고 부를 수 있습니까?"

"직사각형은 평행사변형이라고 부를 수 있습니까?"

"직사각형의 가로와 세로는 평행사변형의 밑변과 높이에 해당합니까?"

"직사각형의 넓이 구하는 공식을 '밑변(가로) × 높이(세로)'라고 말해도 됩니까?"

삼각형의 넓이 구하는 방법을 찾기

크기, 모양, 색깔이 서로 다른 평행사변형 6개를 준비한다. 어떤 모양의 평행사변형도 반으로 잘라 삼각형을 만들면 그 삼각형의 넓이는 평행사변형 넓이의 $\frac{1}{2}$이라는 사실을 알게 하기 위함이다. 물론 직사각형과 정사각형 모양도 포함된다. 자를 대고 선을 그어도 되고, 접어도 되고, 가위로 잘라도 된다.

삼각형의 넓이 구하는 방법을 찾는 활동은 일대일 생각맞이로 진행한다. 3번 이동을 하며 3명의 친구를 만나 삼각형의 넓이를 찾는다. 6명의 학생이 서로 다른 모양의 평행사변형을 한 개씩 가지고 둘씩 만나는 것이다. 짝을 만날 때마다 서로 다른 모양의 평행사변형을 내어놓고 그것을 반으로 잘라 생긴 삼각형의 넓이를 구하는 방법을 찾는다. 즉 3번 대화하는 동안에 6가지 모양의 평행사변형을 만나게 하는 것이다.

활동이 진행되면 '삼각형의 넓이 = 평행사변형의 넓이 ÷ 2 = 밑변 × 높이 ÷ 2'이라는 공식을 세우게 될 것이다. 그런데 참 아쉬웠다. 많은 학생들은 이미 선행학습으로 삼각형의 넓이는 평행사변형의 넓이의 $\frac{1}{2}$이라는 사실을 알고 있었다. 따라서 활동 중에 다양한 방법에 대한 대화가 일어나지 못하였다. 색종이에 관심이 집중되는 학생들도 상당수 있었다. 그러나 주어진 평행사변형의 모양에 따라 서로 다른 방법으로 공식을 세우는 학생들도 눈에 띄었다.

삼각형의 높이 찾기

다음은 삼각형의 높이를 찾는 활동으로 이어갔다. 다음과 같이 밑변이 정해진 세 가지 삼각형을 활동지에 제시하였다. 그리고 높이를 표시하게 하였다.

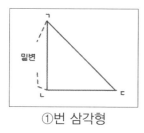

①번 삼각형

②번 삼각형

③번 삼각형

①번 삼각형은 밑변과 높이의 개념을 알고 있는지 확인하기 위해 제시한 것이다. 따라서 직각삼각형을 제시했고 밑면을 세워진 변에 표시하였다. ②번 삼각형은 예각삼각형으로 삼각형의 높이를 삼각형 내부에서 찾을 수 있다. ③번 삼각형은 둔각삼각형으로 삼각형의 높이를 삼각형 외부에서 찾을 수 있기 때문에 보조선을 그어서 찾아야 한다. 대부분 ①번 삼각형이 가장 쉽게 높이를 찾을 수 있을 것이라 생각할 것이다. 그런데 동영상 속에서 예상치 못한 장면이 녹화되었다. ①번 삼각형의 높이를 다음과 같이 표시하는 학생이 있었다.

이 학생은 그동안 밑변과 높이를 어떻게 알고 있었던 것일까? 평행사변형의 넓이를 구할 때 이미 높이의 개념을 배웠는데 왜 이런 일이 생길까?

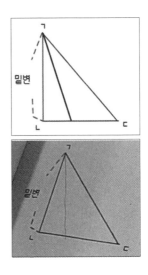

'높이'라는 용어는 국어사전에 의하면 '삼각형의 밑변에 그은 수선의 길이'이다. 또 '밑변'은 '삼각형이나 사다리꼴에서 밑바닥을 이루는 변'이라고 설명되어 있다. 밑바닥을 이루는 변이란 아래에 있는 선으로 해석할 수도 있다. 그런데 밑변이 세워져 있으니 이 학생은 얼마나 혼동이 되었을까! 또한 높이는 반드시 밑에서 위를 향해 세워진 선일 것이라 믿고 소신대로 높이를 그렸을 것이다. 문득 궁금해졌다. 다른 나라에서는 '밑변'을 무엇이라고 부를까? 외국에서 공부한 학생에게 물어보았다. 다음과 같은 그림과 함께 답변이 왔다.

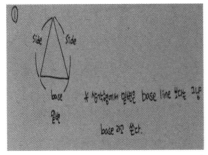

삼각형에서 밑변은 base line, 그냥 base라고 쓴다.

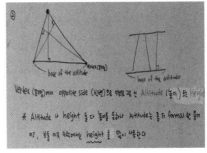

altitude 나 height 둘 다 높이를 뜻하나 보통 미국 수학에서는 height를 많이 사용한다.

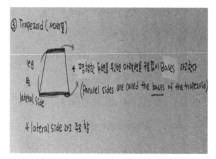

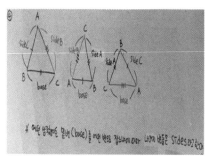

사다리꼴에서는 평행한 두변을 윗변, 아랫변 구분없이 base라고 한다.

어떤 삼각형이든 base를 제외한 나머지 변들은 side라고 한다.

　영어에서는 밑변을 '기초'의 개념을 부여한다. 우리도 밑변을 '기준선' 또는 '기초선'이라고 처음에 번역을 했더라면 학생들은 아래에 있는 선이 아니라 기초가 되는 선을 찾을 것이다. 그리고 높이는 그 기초 위에 직각으로 세워지는 선이라는 개념을 가지게 될 것이다. 그런데 우리 학생들은 사전이 정의하는 '높이'와 '밑변'의 개념과 수학시간의 '높이'와 '밑변'의 개념 속에서 혼란을 겪어야 한다. 사다리꼴을 배울 때는 이 혼란이 더 심해진다.

①

②

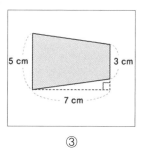

③

사다리꼴 개념을 배울 때는 ①번과 같이 배운다. 그러나 문제풀이에는 ②번과 ③번과 같은 문제들이 나온다. 일부 학생들은 세워진 선들을 '윗변'과 '아랫변'으로 불러야 하는 것에 혼란스러워진다. 이렇게 용어가 주는 혼란 때문에 원리를 이해하는 것에 어려움을 겪는 학생들을 어떻게 도와주어야 할까?

오답을 수정해 주는 친구 가르치기

앞의 활동에서 혼자 해결한 활동지의 답이 맞는지를 확인해야 한다. 교사 혼자서 모든 학생의 활동지를 확인하고 오류를 수정해 주는 것은 불가능하다. 따라서 일반적인 수업에서는 교사가 설명과 함께 정답을 제시하고 채점하는 방식으로 오답이 수정된다. 이를 학생중심 수업으로 전환하기 위하여 수학교과에서 가장 많이 적용하는 것 중의 하나가 '친구 가르치기'이다. 이 '친구 가르치기'를 '일대일 생각맞이'로 진행했다. 모둠활동에서 이루어졌던 활동을 일대일 생각맞이로 진행하였으므로 좀 더 심도 있는 '친구 가르치기'가 이루어질 것이라 기대하였다. 그런데 다음과 같은 의외의 장면이 동영상에 포착되었다.

A는 설명을 들으며 손으로 머리를 계속 긁는다.

A는 고개를 갸우뚱거린다.

B가 지우개로 활동지의 틀린 곳을 지워준다.

B가 고쳐야 할 곳에 직접 자를 대고 그리게 한다.

A학생의 활동지에 틀린 내용이 있었나보다. B학생은 무엇이 틀렸는지 열심히 설명한다. A는 B의 설명을 이해를 하지 못하고 손가락으로 머리를 긁고 고개를 갸우뚱거린다. B는 A가 이해하지 못하는 것을 알고 지우개로 틀린 곳을 지워준다. 그리고 너무나 친절하게 고쳐야 할 곳을 일일이 지시한다. A는 B의 지시에 따라 활동지의 틀린 곳을 고쳐 나간다. '친구 가르치기'의 생생한 장면이다. A는 친절한 친구의 가르침에도 불구하고 틀린 곳에 대한 이해를 하지 못한다. 그러나 활동지는 정답으로 고쳐진다. 그리고 이 활동지가 교사에게 전달될 것이다. 교사는 학생들이 모두 알고 있다는 착각에 빠질 수 있다. 수학교과에서 친구끼리 서로 잘 가르치고 배울 것이라는 기대가 지나친 환상이 아닌지에 대한 성찰이 필요하다.

대부분의 교과는 학습능력에 차이가 있어도 어느 정도 동등한 입장에서 대화가 오고갈 수 있다. 그러나 수학의 경우는 학습능력의 수준 차이가 있으면 동등한 대화를 나누기가 쉽지 않다. 우리는 가르치는 문화에서 살고 있다. 그래서 알고 있는 사람이 모르고 있는 사람을 상대로 일방적으로 훈계하듯이 가르친다. '친구 가르치기'에서도 가르치는 학생은 자신이 깨달은 방법으로 가르치기 때문에 자기 수준의 언어와 접근방법으로 설명한다. 그런데 배우는 학생은 설명을 들을수록 머리가 더 복잡해지기도 한다. 개인의 지적 수준에 따라 사용하는 어휘의 수준과 학습접근 방법이 다르기 때문이다.

따라서 수학교과에서 '친구 가르치기'를 할 때는 매우 조심스럽게 접근해야 한다. 우수한 학생이 일방적으로 가르치기보다 틀린 학생이 문제를 푼 방법을 설명하도록 진행해야 한다. 이 과정에서 문제를 틀리게 푼 학생은 설명하면서 스스로 자신이 틀린 곳을 발견할 수도 있다. 그리고 우수한 학생은 그 설명 속에서 어떤 부분을 모르고 있는지 파악하여 설명해주어야 한다. 즉 '친구 가르치기'가 성공적으로 이루어지게 하기 위해서는 친구를 가르치는 학생이 상대적으로 학습능력이 낮은 학생의 입장을 이해하며 접근하도록 지도해야 할 것이다. 이러한 '친구 가르치기' 방법의 변화는 수업문화를 바꾸는데도 매우 중요하다.

생각맞이로 디자인 된
사회수업

01. 4학년 사회 '지역의 공공기관'
　　로빈슨크루소는 불이나면 어디에 신고할까요?
　　교육과정 분석
　　수업의 실제
02. 미래의 직업 만나기

01
4학년 사회
'지역의 공공기관'

로빈슨크루소는 불이나면 어디에 신고할까?

가끔은 '로빈슨크루소'가 부러울 때도 있다. 주변에 신경을 쓰지 않고 자유롭게 살아가고 싶은 마음이 인간에게는 누구나 있기 때문이다. 사람과 함께 살아간다는 것은 행복한 일이지만 그로 인해 포기해야 하는 것들도 있다. 또한 함께 살아가기 위해 만들어져야 하는 것도 있다. 이러한 것 중의 하나가 공공기관이다.

소개되는 수업은 교육실습생 지도 시 2009 교육과정에 의거하여 만들어진 수업이다. 지역 주민들의 생활에 도움을 주는 공공기관에 대해 이해하고 지역문제 및 해결방안을 탐구함으로써 지역문제 해결에 적극적으로 참여하는 자세를 기르는 수업이다. 수업 내용은 자신이 사는 지역에 있는 공공기관의 종류를 찾아보고 공공기관으로부터 어떤 도움을 받는지 탐색하는 것이다. 즉 학생들이 지역사회 차원에서 이루어지는 공공기관의 역할과 그것의 중요성을 인식하도록 하는 수업이다. 이 책에서는 당시의 수업을 2015 교육과정에 맞게 재구성하여 소개한다.

교육과정 분석

현행 초등학교 4학년 교과서에 '공공기관과 주민참여'라는 단원이 있다. 총 15차시에 걸쳐 수업하도록 구성되어 있다. 본 장에서는 1~7차시까지의 7차시 분량의 수업을 소개한다. 1~5차시는 공공기관을 배우고 6~7차시는 공공기관을 견학하도록 되어있다. 그러나 이 수업에서는 6~7차시는 견학을 위한 준비 학습을 하는 수업으로 진행한다. 이 수업은 차시별로 진행하기보다 수업을 이어서 진행하는 것이 효율적이라 판단된다. 따라서 하루에 5차시분량의 수업을 이어서 적용할 수 있도록 수업을 설계하였다. 교과서에서 제시한 수업의 흐름을 함께 제시한다.

1차시 ⃝······▶ 단원도입

2-3차시 ⃝······▶ 공공기관이 무엇인지 알아보기

4-5차시 ⃝······▶ 공공기관의 종류와 역할 알아보기

6-7차시 ⃝······▶ 우리 지역의 공공기관 견학하기

8차시 ⃝······▶ 우리 지역의 문제 알아보기

9-10차시 ⃝······▶ 지역의 문제 해결해보기

11-12차시 ⃝······▶ 주민참여의 중요성과 방법을 알아보기

13차시 ⃝······▶ 주민참여의 바람직한 태도 알아보기

14-15차시 ⃝······▶ 단원정리

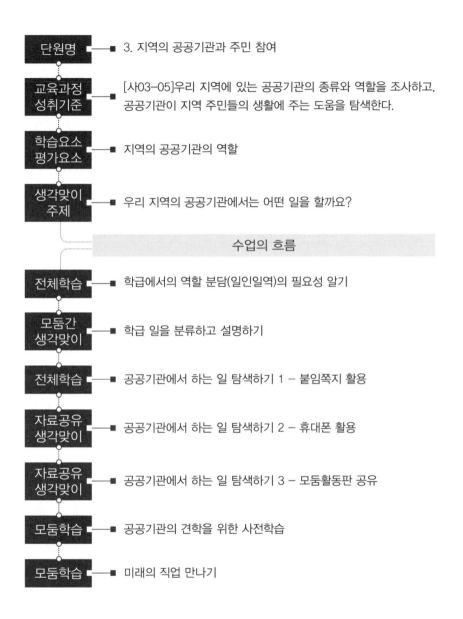

단원명	3. 지역의 공공기관과 주민 참여
교육과정 성취기준	[사03-05]우리 지역에 있는 공공기관의 종류와 역할을 조사하고, 공공기관이 지역 주민들의 생활에 주는 도움을 탐색한다.
학습요소 평가요소	지역의 공공기관의 역할
생각맞이 주제	우리 지역의 공공기관에서는 어떤 일을 할까요?

수업의 흐름

전체학습	학급에서의 역할 분담(일인일역)의 필요성 알기
모둠간 생각맞이	학급 일을 분류하고 설명하기
전체학습	공공기관에서 하는 일 탐색하기 1 – 붙임쪽지 활용
자료공유 생각맞이	공공기관에서 하는 일 탐색하기 2 – 휴대폰 활용
자료공유 생각맞이	공공기관에서 하는 일 탐색하기 3 – 모둠활동판 공유
모둠학습	공공기관의 견학을 위한 사전학습
모둠학습	미래의 직업 만나기

수업의 실제

교실도 학생들이 생활하는 작은 지역사회이다. 학생들에게 익숙한 '일인일역' 표를 보여주며 수업을 시작한다.

"이 표가 무엇인지 압니까?"
"우리가 학급에서 해야 할 맡은 일(일인 일역)을 적어 놓은 표입니다."
"학급에서 해야 할 일을 역할분담을 해야 하는 이유는 무엇입니까?"

학생들은 여러 가지 답변을 한다. 그 답변들은 결국 여러 사람이 함께 살아가기 위해서는 특별하게 해야 할 일이 있고 그 일이 많기 때문에 서로 나누어야 한다는 내용이다.

학급 일을 분류하기

학생들이 맡은 학급 일을 기록한 종이 카드를 준비한다. 종이카드 한 장에 하나의 역할이 기록되어 있다.

"우리 반 24명이 맡은 일이 24장의 카드에 적혀있습니다. 24장의 카드를 5개의 그룹으로 분류해봅니다. 분류기준은 모둠에서 결정합니다. 그리고 각 그룹의 특징을 담은 이름을 정해봅니다."

학급마다 역할분담의 내용은 차이가 있다. 또 학급 인원수에 따라 역할분담의 내용이 빈약할 수도 있다. 이 경우는 빈종이 카드를 제공하고 필요하다고 생각하는 학급 일의 내용을 기록하여 분류하도록 해도 된다. 학생들은 '학습부, 체육부, 생활부' 등과 같은 익숙한 이름들을 붙이기도 하지만 캐릭터 이름으로 명칭을 붙이기도 한다.

이 활동이 끝나면 각 모둠에서 분류한 내용과 명칭을 붙인 이유를 '모둠간 생각맞이' 활동을 통해 진행한다. 각 모둠에서 1명이 남아 설명하고 3명은 각 모둠을 돌며 설명을 듣는다. 이 설명은 어렵지 않은 간단한 내용이므로 각 모둠에 남아 설명하는 학생은 평소에 발표에 자신감이 부족한 학생에게 부여하는 것이 필요하다. 이 경우에는 교사가 발표자를 정해주기를 권한다. 만약 이러한 수준의 설명을 우수한 학생에게 반복시키면 지루해 하고 싫증을 느낄 수 있다.

공공기관에서 하는 일 탐색하기

위의 활동은 학생들에게 각 공공기관 마다 부서가 있고 각 부서마다 맡은 역할이 있다는 것을 스스로 깨닫게 하기 위한 사전활동이다. 다음은 성취기준을 향해 나아가는 수업으로 전환시켜야 한다.

"학교생활을 하는데 여러 가지 일이 필요하다는 것을 알게 되었습니다. 우리 ○○구에는 많은 사람이 살고 있습니다. 이렇게 많은 사람이 함께 행복하게 살아가려면 필요한 일들이 있을 것입니다. 어떤 일들이 있을까요?"

학생들은 '쓰레기 수거' 문제를 가장 쉽게 찾는다. '119 구급대'와 관련된 내용도 나온다. 그러나 많은 내용을 찾지 못한다. 따라서 이 활동은 학급 전체가 함께 찾는 것이 효과적이다. 발표할 학생은 손을 들고 발표를 한다. 이때 학생들은 발표 내용이 지역 주민과 관련이 있는 것이라고 판단이 되면 손을 들어 '통과'의 뜻을 표시하게 한다. 학급의 1/2 이상의 동의를 얻으면 발표자는 교실 앞으로 나가 발표한 내용을 준비된 붙임쪽지에 기록하여 칠판에 붙인다. 내용이 겹치지 않게 하는 발표방법이다. 이때 발표자의 이름을 쓰게 한다면 평가에도 반영할 수 있다.

이 경우의 발표는 학급에서 우수한 학생들이 주도권을 가지고 수업을 이끌어 나가게 된다. 이 활동은 이를 허용해야 한다. 중요한 내용이 나오지 않았을 경우에는 교사도 발표자로 기회를 얻을 수 있다. 이러한 방법으로 사람들이 함께 살아가기 위해서 필요한 일들이 얼마나 많은지 생각하게 하는 것이다. 칠판에는 많은 붙임쪽지가 붙여질 것이다.

"우리 지역 주민을 위해 할 일들이 매우 많이 있군요. 그런데 이 일들은 누가 해야 하나요?"

개인이 할 수 있는 일도 있지만 개인이 할 수 없는 일들이 많음을 생각하게 될 것이다. 칠판에 '경찰서, 소방서, 도서관, 주민센터, 보건소, 법원, 구청, 우체국, 교육지원청' 등과 같은 공공기관의 명칭을 쓴다. 이어서 학생들이 쓴 붙임쪽지의 내용을 관련 공공기관별로 분류해야한다. 학생들이 차례로 나와 각각 붙임쪽지 2~3장을 선택하여 교사가 기록한 공공기관별로 해당되는 곳에 붙인다. 전체 학생들이 나와서 다 붙이면 교사의 확인이 필요하다. 분류가 잘못된 것은 그 이유를 설명하고 옮긴다. 그리고 다음과 같이 교사가 사전에 준비한 모둠활동판을 각 모둠에 제공한다. 각 모둠별로 서로 다른 공공기관 활동판이 제공되어야 한다.

대부분의 공공기관은 맡은 업무에 따라 부서로 나누어지고 그에 따른 조직도가 있다. 그 조직도를 제공하는 것이다. 조직도의 명칭이 어려울 수 있기에 업무와 관련된 각 과의 명칭까지 함께 제공한다. 다음은 ○○소방서의 조직도이다. 칠판에 붙은 붙임쪽지를 각 모둠별로 해당되는 내용을 가지고 와서 이 조직도 밑에 붙인다.

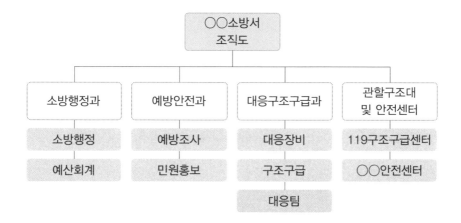

"조직도를 보면서 기록한 붙임쪽지의 내용을 해당 부서에 붙입니다. 또 다른 색의 빈 붙임쪽지에는 조직도를 보면서 각 부서와 관련된 일을 추측하여 기록합니다. 타이머 음악이 나오면 다음 모둠으로 활동판을 옮깁니다. 그리고 추가할 내용이 있으면 기록하여 옮겨 온 활동판에 붙입니다."

'자료공유 생각맞이' 활동으로 진행하는 것이다. 점차 학생들은 내용을 기록하는데 어려움을 느낄 것이다. 그러나 붙임쪽지를 붙이는 재미에 엉뚱한 내용을 적기도 한다. 교사가 보기에 엉뚱한 내용일 수 있으나 학생 쪽에서는 나름대로 깊이 생각하여 기록한 것이다. 모두 허용한다. 다음 활동이 있기 때문이다.

"처음 활동판이 돌아왔습니까? 이제 휴대폰을 열고 인터넷을 통해 해당 공공기관을 찾아 갑니다. 그리고 여러분이 기록한 내용과 비슷한 업무가 있는지 확인을 하면서 빼야 할 것은 활동판에서 내리고 위치가 잘못 붙여진 것은 옮깁니다. 그리고 또 다른 색의 붙임쪽지에 여러분이 찾지 못한 내용을 기록하여 붙여봅니다."

이제 오답을 찾아내며 공공기관의 역할을 스스로 배워나가는 것이다. 완성된 활동판은 다시 모둠을 이동하면서 각 기관의 역할을 익히게 한다. 이 활동이 끝나면 이어질 견학을 위한 활동으로 이어진다.

공공기관의 견학을 위한 사전 학습
앞의 활동은 모둠의 수가 한정되어 있기 때문에 지역에 있는 공공기관의 역할을 전부 찾아보지 못한다. 따라서 지도를 통해 지역의 공공기관을 찾아보는 활동을 이어간다.

"우리 지역에 있는 공공기관 명칭을 칠판에 전부 제시했습니다. 우리

마을 지도(또는 휴대폰을 통한 인터넷 지도)에서 그 위치를 확인합니다. 그곳을 찾아 갈 수 있는 교통편도 함께 찾아봅니다."

이 활동 후 학생들이 견학하고 싶은 장소를 선택하도록 한다. 그리고 학부모의 도움을 받아 수업이 일찍 끝나는 요일에 2~3명 씩 짝을 지어 선택한 공공기관을 방문하도록 한다. 안전한 견학이 되도록 학부모가 반드시 동행하도록 해야 한다. 주말에도 견학이 가능한 곳이라면 주말을 이용해도 된다. 그리고 다음과 같은 간단한 보고서 양식도 함께 만든다. 견학장소가 같은 학생들끼리 만들게 한다. 견학장소에 따라 서로 다른 보고서 양식이 만들어 질 수 있다.

견학 보고서	
견학 장소	
견학 날짜	
견학한 사람	
견학 시 알고 싶은 내용 (견학전 작성)	
견학을 통해 알게 된 점	
견학 후 더 알고 싶어진 점	

이미 인터넷을 통해 각 공공기관의 역할을 알고 있기 때문에 견학의 목적을 분명하게 가지고 가는 것이 중요하다. 따라서 궁금한 점을 견학하기 전에 작성하도록 한다. 대부분의 학생들이 '소감'을 기록하라고 하면

'재미있었다'와 같은 감정의 느낌을 기록한다. 따라서 '새로 알게 된 점'을 적도록 하여 좀 더 지식적인 내용을 담도록 한다. 또한 견학 후에는 '더 알고 싶은 점'이 있을 것이다. 이를 기록하여 이 궁금증은 학급 전체 학생들과 해결해 나간다.

이 보고서는 휴대폰으로 찍어서 학생들이 모두에게 전송해도 된다. 여러 장의 보고서를 각자 자신의 속도에 따라 읽는다. 그리고 견학 후 생긴 '더 알고 싶은 점'에 대한 답변을 전송하도록 해도 된다.

02
미래의 직업
만나기

앞에서 제시한 수업은 국어과 성취기준 '[4국03-02]시간의 흐름에 따라 사건이나 행동이 드러나게 글을 쓴다.'와 진로 성취기준 '[Ⅲ3211] 책, TV, 인터넷 등에서 접한 다양한 직업에 대해 탐색할 수 있다.'와 통합하여 진행할 수 있다. 공공기관의 역할을 배웠고 견학도 하였다. 모둠별로 견학한 곳의 공무원이 되어보는 이야기를 만들어본다. 이러한 이야기를 만들면서 이 단원이 단순히 공공기관의 역할만을 이해하는 것이 아니라 공무원과 주민과의 관계, 그리고 자신의 진로에 대해서도 함께 생각하는 삶과 연결되는 수업으로 이끌어가는 것이다. 이때 다음과 같은 조건을 제시하고 이야기를 만들도록 한다.

등장인물	공무원, 인공지능 공무원, 주민
때	2035년
장소	모둠에서 선택한 공공기관
이야기 시작	출근하는 아침
사건 1	주민과의 마찰로 힘들었던 사건
사건 2	맡은 일에 보람을 느끼게 하는 사건
사건 3	인공지능과 함께 일을 하면서 겪게 되는 사건
이야기 끝	하루의 일과를 마치면서 가지게 되는 생각

배운 내용을 토대로 15년 후의 미래의 모습을 모둠원이 함께 생각해보는 활동이다. 그런데 실제로 경험하지 않은 일을 이야기로 쓰는 것은 쉽지 않다. 그러므로 상상력이 동원되어야 할 것이다. 사건1은 주민의 입장에서 공공기관을 바라보게 하기 위함이다. 사건2는 공무원의 입장에서 가져야 할 책임감을 생각하게 하는 내용이 들어가야 한다. 사건3은 변화하는 미래사회를 바라보며 직업 세계를 스스로 깨닫게 하기 위함이다. 특히 인공지능과 공존해야 하는 시대를 살아갈 학생들에게 인공지능 공무원과 함께 생활하는 미래를 상상하면서 미래 세계의 변화에 대해 스스로 생각하게 될 것이다. 앞으로 삶과 연결시키는 수업설계에 대하여 교사들이 좀 더 관심을 가져야 할 것이다. 학생들이 학습능력이 우수하다면 이야기를 만드는 것은 모둠학습으로 진행을 하고 글로 쓰는 것은 개별학습으로 진행한다.

스스로 배우게 하는 수업을 알리고 싶다

학교(學校)는 '배우다'라는 뜻을 품고 있다. 한편 교실(教室)은 '가르치다'라는 의미를 담고 있다. 학교(學校) 안에는 교실(教室)이 있다. 학교(學校)는 배우는 장소인데 그 안에는 가르치는 곳만 있다. 그 속에 존재하는 교사도 '가르침'에만 익숙했다. 필자 역시 마찬가지이다. 초등학교 6년, 중·고등학교 6년, 그리고 대학과 대학원을 거친 긴 세월동안 가르침을 받았었다. 이렇게 '가르침'에만 익숙한 채 새내기 교사가 되어 교단에 서게 되었다. 그리고 30년이 넘는 기간 동안 가르치는 일을 해왔다. 가르침에 익숙한 교사의 수업 또한 가르침이 전부였다. 특별한 고민이 필요 없었다. '가르침'이라는 것은 너무나도 당연한 일상이었기 때문이다.

그런데 가르침 위주의 수업을 배움이 일어나는 수업으로 바꾸라고 한다. 가르침에는 항상 배움이 따른다. 배움은 당연히 따라 올 것이라 믿었으므로 가르침에 집중해 왔다. 그리고 열심히 가르쳐 왔다. 그런데 배움이 일어나는 수업으로 전환해야한다고 한다. 가르치지 말라는 것은 아닐텐데 어떻게 하라는 것일까? 갑자기 다른 나라의 옷을 입어야 하는 것처럼 어색하고 어떻게 입어야 하는지 알 수 없어 당황스럽다. 연수를 통해 배움이 일어나는 수업방법을 배우지만 수업을 더 화려하게 치장하는 테크닉이 얹혀 질 뿐이다. 그래서 교사들은 더 혼란스럽다.

배움이 일어나는 수업이 요구하는 것은 가르침을 버리는 것이 아니다. 가르침에 대한 시각의 전환을 요구하는 것이다. 그동안은 무엇(What)을 가르칠 것인가에 시각의 초점이 맞추어졌다면 이제는 어떻게(How) 배우게 할 것인가로 초점을 이동시키자는 것이다. 이미 많은 논의가 진행되고 있고 교사들은 이러한 논의의 중심에 위치해 있다. 이 책의 대표 필자인 본인도 마찬가지이다.

생각맞이 수업은 학생들이 소통하면서 스스로 배워나가도록 이끄는 수업이다. 따라서 이러한 논의의 훌륭한 해결책이 될 수 있을 것이라 믿는다. 이러한 믿음 속에 생각맞이 수업을 전파해 왔고 생각맞이 수업 코칭을 제공해 왔다. 오늘도 이러한 믿음을 가지고 수업 코칭을 준비한다.

사고훈련을 시키는 수업을 전하고 싶다

그동안 교사들은 잘 가르치는 것에 집중했고 학생들은 그것을 모두 이해하려는 노력만 했다. 앎에 대한 욕구를 발현시키려 하기 보다는 알아야 할 것을 암기시키기만 했다. 그래야 상급학교 진학에 유리했다. 암기위주의 교육방법은 가르침중심 교육의 전형이자 우리 교육의 자화상이다. 이 교육방법이 요즈음 혹독하게 비판받고 있다. 창의적인 인재를 키우는데 어울리지 않는 교육방법이라는 이유에서이다. 하지만 우리의 삶은 암기된 것들에 의해 이루어지는 것이 매우 많다. 수학공식은 대부분 암기해야 하는 것들이다. 글자, 지명처럼 모든 사람들의 공통된 약속도 외워야만 한다. 이 암기된 지식들이 있어야 타인과의 소통이 일어나고 다음 단계의 학습으로 나아갈 수 있다. 그동안 이러한 지식은 컴퓨터에 입력하듯 주입식으로 이루어졌다. 앞으로 배움이 일어나는 수업에서는 이러한 지식들을 어떻게 습득하게 해야 할까?

어려운 의제이다. 일선에 투입되어 있는 교사들에게는 더욱 그러하다. 필자는 답을 사고훈련에서 찾고자 했다. 교육은 학생들이 이 세상을 살아가기 위해 준비하는 과정이다. 그 준비에는 시대에 따라 변하는 내용들이 많지만 세상이 아무리 변해도 바뀌지 않는 것이 있다. 대표적인 것이 우리의 아이들을 생각할 줄 아는 사람으로 키우는 것이다. 생각하는 방법을 가르쳐주는 것이 교육의 가장 중요한 목적이라고 많은 이들이 부르짖는다. 지식의 주입 보다 한 차원 높은 목적이다. 여기에 답이 있다고 생각했다. 그렇지만 정작 교육현장에서 사고하는 방법을 가르치고 훈련하는 과정은 찾아보기 어렵다. 그래서 이러한 '사고훈련을 어떻게 해 나가야 할 것인가?'에 대한 답을 찾기 위해 노력해 왔다. 그 노력의 결과가 생각맞이 수업이고 이를 생각맞이 수업 코칭을 통해 전하고 있다. 그리고 오늘도 수업을 변화시키려는 노력을 후배교사들과 함께 한다.

불편한 진실

이 책의 대표 필자인 본인은 수석교사이다. 수업 코칭과 수업 나눔이 가장 중요한 업무이다. 그 과정에서 많은 교사들을 만났다. 만남 속에서 많은 후배 교사들이 드러내기 불편한 의견을 털어놓기도 한다. 교육의 변화에 도움이 되기를 소망하면서 그 중 하나를 꺼내어 본다.

"열심히 수업을 해도 특별히 돌아오는 보상이 없어요. 교사로서의 사명감만으로 지탱하는 것에는 한계가 있어요. 수업에 대한 열정이 벌써 식어가며 편해지고 싶은 마음이 생겨요."

교단에 처음 발을 내딛을 땐 누구나 사명감에 넘치는 교사상을 가슴에 품는다. 그러나 교사도 다른 직종에 종사하는 사람들과 똑같은 욕망을 가진 인간이다. 시간이 지나면서 욕망을 추구하는 평범한 직업인으로 변해가는 스스로의 모습을 발견하게 된다. 그런데 현실은 사명감을 가지고 수업에 매진하는 교사로서만 존재하기를 강요한다. 그리고 숭고한 교사상을 그리며 그 욕망을 잠재우라고 한다. 교사의 입장에서 무한정 받아들일 수도 없고 그렇다고 내어놓고 거부하기도 어려운 불편한 진실이다.

멘티들에게 사명감만을 부르짖고 싶지 않았다. 항상 제자리에 머물러 있으면서 사명감으로 포장하며 참모습을 감추어 왔던 필자의 경험을 뒤따르게 하고 싶지 않았기 때문이다. 그렇지만 그들이 힘들고 낯설었던 수업 코칭에서 성취감을 느끼도록 이끌고 싶었다. 또한 그 노력이 대가도 얻을 수 있도록 하고 싶었다. 그래서 함께 이 책을 만들었다. 공동 저자인 멘티들이 자신들의 수업이 세상에 알려지는 경험을 통해 색다른 보상을 맛보기를 기대했다. 또 그러한 보상이 불편한 진실이 주는 좌절감을 극복하는데 도움이 되고 나아가 수업에 대한 열정을 더욱 키워주기를 바랐다. 그리고 불편한 진실을 토로하던 후배 교사들에게 이렇게 말하고 싶다.

"교실 문을 여세요. 그리고 수업을 나누세요. 그 속에서 앞으로 후배를 이끌어줄 능력을 키우세요. 그리고 교사들이 최고의 전문가로 대우받는 그런 날을 기다려요. 수업에 열정을 쏟는 교사들이 존경받는 날이 꼭 옵니다."

수업을 나누며 행복을 찾는다

교사는 행복해야 한다. 행복한 교사는 행복한 교실을 만들어낸다. 교사의 행복은 오롯이 학생들에게 전파되기 때문이다. 교사의 행복은 수업에서 나온다. 수업이 성장할 때 최고로 행복하다. 그렇지만 모든 일이 그러하듯이 수업도 혼자만의 능력으로 성장시키기 어렵다. 본인의 노력에 주변의 많은 도움이 얹혀야 성장을 이어갈 수 있다. 본인은 교사들의 수업능력 키우기에 앞장서야 하는 수석교사이다. 수업 나눔에 관심을 갖게 하는 촉진제 역할도 해야 한다. 그래서 도움을 줄 수 있는 존재가 되고자 노력해야 했다. 수업 코칭과 수업 나눔을 통해 교사로서의 행복을 찾고 나누어야 했다. 이러한 책임감이 진정한 수업능력 성장의 기회를 제공하는 '생각맞이 수업 코칭'을 기획하게 하였다. 이 새로운 수업 코칭에서는 멘토가 앞장서서 열정을 쏟아야 한다. 수업공개도 먼저하고 더 많이 한다. 그래서 많은 공개수업을 했다. 이렇게 멘티들 앞에서 수업을 공개할 때면 항상 품게 되는 마음이 있다.

"멘티들은 무엇을 찾아내고 배우며, 또 어떤 문제점을 제기해 줄까?"
"수업을 보여 줄 때마다 피드백을 받고 싶은 멘토의 마음을 짐작할까?"

앞으로도 후배들의 피드백 속에 날로 완성도를 높여가는 생각맞이 수업을 보며 행복해하고 싶다. 성장하는 후배들의 수업을 보며 행복해하고 싶다. 오늘도 이러한 기대를 가지고 후배들과 수업을 나눈다.

참고문헌

권혁준외(2017). 동화수업 레시피. 박이정
교육과학기술부(2012). 초등 교과통합 진로교육 교수 · 학습지도안
교육부(2015). 2015 개정 교육과정 총론 해설
김태현(2012). 교사, 수업에서 나를 만나다. 좋은교사운동출판부.
김현섭(2016). 수업성장. 수업디자인연구소
레이프 에스퀴즈(2012). 위대한 수업. 추수밭
살만칸외.김희경 · 김현경역(2013). 나는 공짜로 공부한다. 알에이치코리아
서순원(2018). 생각맞이 수업. 공감HUB
서울특별시교육청(2018). 서울교육 수업혁신! 평가혁신으로 시작한다.
신재한외(2014). 창의 · 인성교육을 위한 수업설계 전략. 교육과학사
앤서니 브라운. 서애경역(2011). 마술연필. 웅진주니어
용경화외(2017). 수업설계 및 학습내용. 한국문화사
이종호(2017). 4차 산업혁명과 미래직업. 북카라반
이형빈외(2016). 울산교육. 울산광역시연구정보원
정창규외(2016). 평가란 무엇인가. 에듀니티
정형권(2015). 거꾸로 교실 거꾸로 공부. 더메이커
조벽(2012). 수업컨설팅. 해냄출판사
켄베인.이영아역(2013). 최고의 공부. 미래엔
파커 J 파머, 이종민역(2005). 가르칠 수 있는 용기. 한문화 멀티미디어